Die Eröffnung

AF400042

Dieses Buch widme ich meiner Ehefrau Manuela,
die mir die Zeit, und auch viel Geduld, für dieses Buch gelassen hat.
Ich liebe Dich.

Dein Alexander.

Die Eröffnung

von Alexander Fischer

Bibliografische Information der Deutschen Nationalbibliothek
Die Deutsche Nationalbibliothek verzeichnet diese Publikation in der Deutschen Nationalbibliografie; detaillierte bibliografische Daten sind im Internet über http://dnb.dnb.de abrufbar.

ISBN	978-3-7392-0447-5
Herstellung und Verlag	BoD – Books on Demand, Norderstedt
Copyright	©2022 Alexander Fischer, 3. Auflage
Herstellung	Alexander Fischer
Homepage	www.schach-lernen.de forum.schach-lernen.de blog.schach-lernen.de wiki.schach-lernen.de shop.schach-lernen.de

Inhaltsverzeichnis

Die Eröffnung

Nachdem Sie die Schachregeln erlernt haben, ist es natürlich sinnvoll, sich jetzt mit den Schacheröffnungen vertraut zu machen und nicht einfach einen Gegner zu suchen und drauflos zuspielen. Damit werden Sie kaum Erfolg haben.

Ich möchte mit diesem Buch den Schachanfänger in die Materie der Schacheröffnung einführen. Die wichtigsten Eröffnungen werden mit zahlreichen Diagrammen dargestellt. Der Schachanfänger soll die Eröffnung ohne grobe Fehler erfolgreich gestalten.

Die Eröffnung ist der erste Teilbereich einer Schachpartie (es wird in drei Bereichen unterteilt: Die Eröffnung, dass Mittelspiel und das Endspiel.). Eine genaue Anzahl, wie lange eine Eröffnung dauert, ist nicht bestimmt. Man spricht aber in der Regel von 8 bis 15 Zügen.

Das Ziel der Eröffnung ist die schnelle Entwicklung aller Figuren, die man sinnvoll in Stellung bringt. Die Eröffnung ist abgeschlossen, wenn sich die Figuren entwickelt haben. Es sollte das Ziel sein, die Zentrumsfelder zu kontrollieren (e4, d4, e5, d5). Denn wer die Zentrumsfelder kontrolliert, beherrscht auch das Spielgeschehen.

Bei der Eröffnung (Anfangsstellung) sind die meisten Figuren noch bewegungsunfähig (Türme, Läufer, Dame). Sie sind von den Bauern eingeschlossen. Nur die Springer (können über eigene und fremde Steine ziehen) können schon einen Zug machen. Deshalb sollte man die Figuren schnell entwickeln, damit sie sich aktiv ins Schachspiel einschalten können. Denn je schneller die Figuren sich mit einschalten, desto mehr hat der Spieler einen Vorteil, und umso mehr kann man seinen Gegner in seiner Eröffnung einschränken. Man sagt, eine Stellung ist dann fertig entwickelt, wenn man die Rochade gemacht hat.

Um die Figuren zu entwickeln und um mehr Felder zu beherrschen, muss man erst die Bauern ziehen. Denn die Figuren beherrschen dann mehr Felder als die generischen Figuren. Die Figuren sollte man aber auch so entwickeln, dass man seinen Angriffsplan realisieren kann.

Man sollte aufpassen, dass sich die Bauern und die anderen Figuren nicht gegenseitig stören. Man muss also vorher überlegen, auf welches Feld man seine Figuren zieht bzw. entwickelt. Und der König sollte natürlich in Sicherheit gebracht werden (Rochade).

Deshalb sollte man jeden unnötigen Zug unterlassen. Wie z.B. die Randbauern ziehen. Dies sind Anfängerfehler. Denn umso bessere Chancen hat der gegnerische Spieler, seine Figuren zu entwickeln, dass Zentrum zu kontrollieren und seinen Angriffsplan umzusetzen. Dadurch wird dann die eigene Entwicklung behindert.

Ziele der Schacheröffnung

Jeder Spieler möchte seine Figuren vorteilhaft positionieren. Deshalb ist die schnelle Entwicklung der Leicht- (Springer, Läufer) und Schwerfiguren (Turm, Dame) wichtig. Das heißt: Sie sollen auf Felder ziehen, von wo aus sie möglichst viele Felder beherrschen können. Umso größer ist natürlich auch der Bewegungsspielraum der einzelnen Figuren.

Um mit den Beispielen zur Schacheröffnung leichter zurechtzukommen, sollte man ein Schachbrett aufstellen. Damit die Beispiele mit den zahlreichen leicht verständlichen Diagrammen noch verständlicher werden.

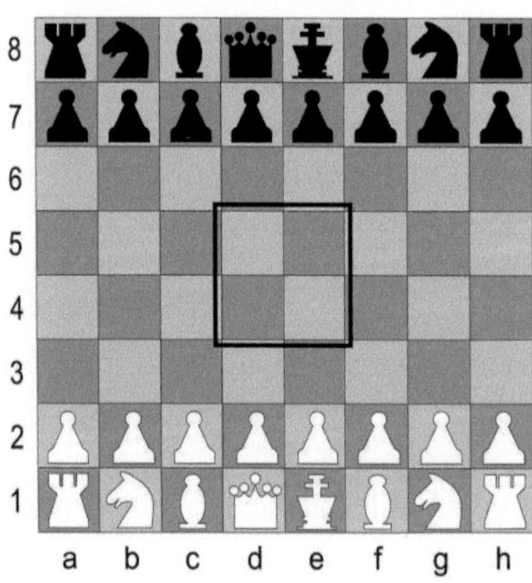

Das Zentrum

Das ist das Ziel der Eröffnung.
Jeder Zug mit den Figuren soll das Ziel haben, dass Zentrum zu beherrschen. Also die Mitte des Brettes. Dort haben die Figuren die größte Möglichkeit sich voll zu entfalten. Also die meisten Felder zu beherrschen. Dort haben sie viel mehr Möglichkeiten als am Rand des Schachbrettes.

Die Entwicklung der Figuren

Der Königs- und der Damenbauer

Der erste Eröffnungszug von Weiß wäre es, mit einem Zentralbauern zu ziehen, also entweder mit dem e- (Königsbauer) oder d-Bauer (Damenbauer) und zwei Felder vorziehen, auf d4 oder e4. Schwarz hätte folgende Züge: d5 oder e5. Am allerbesten wäre es, wenn man beide Bauern ins Zentrum bringt, um die Zentrumsfelder zu beherrschen.

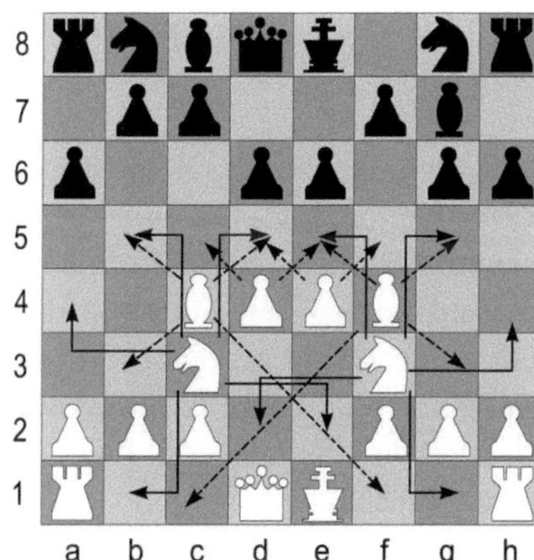

Die Leichtfiguren

Mit jedem weiteren Zug sollte man eine Leichtfigur im Spiel entwickeln. Zuerst kommen die Springer dran. Es gibt nicht viele Felder, wo der Springer hinziehen kann. Da wir aber das Zentrum beherrschen wollen, ziehen wir die Springer auf die Felder c3 und f3. Bei Schwarz wären es die Felder c6 und f6. Auf keinen Fall den Springer an den Rand ziehen. Dort hat er wenige Zugmöglichkeiten und er kann das Zentrum nicht kontrollieren. Die Läufer ziehen wir auf die Felder c4 und f4, da sie dort den größten Bewegungsspielraum haben.

Merke: Die Läufer erreichen in der Nähe der Zentrumsfelder die größte Entwicklungsmöglichkeit.

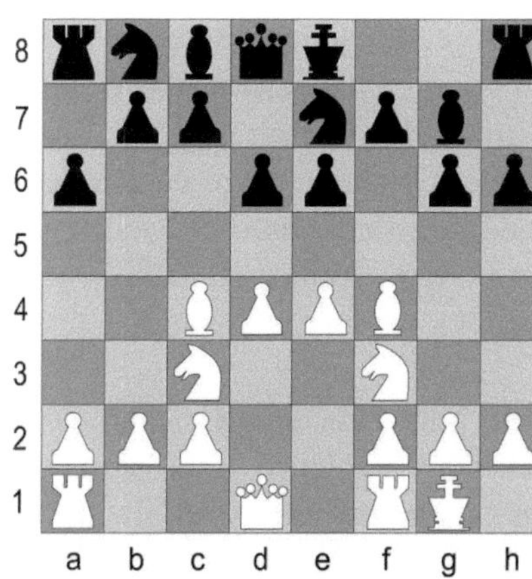

Den König in Sicherheit bringen

Nun müssen wir unseren König in Sicherheit bringen. Dies machen wir mit der kleinen Rochade. Dies sollte so schnell wie möglich erfolgen, denn der König ist in der Mitte leicht angreifbar und der Turm wird jetzt mit ins Spiel gebracht.

Die Dame sollte man nicht zu früh ins Spiel mit einbinden, denn sie ist ein leichtes Ziel für den Gegner. Deswegen erst die anderen Figuren entwickeln.

Zusammenfassung

Erst mit den Bauern (man könnte aber auch mit den Springern anfangen) ziehen. Es sollte das Ziel sein, die Zentrumsfelder zu kontrollieren (e4, d4, e5, d5). Entwickle dann die Leichtfiguren (Springer, Läufer). Denn je mehr Figuren im Spiel sind, desto mehr Felder beherrscht man und auch mehr Angriffsmöglichkeiten hat man.

Überlege, auf welches Feld man seine Figuren zieht bzw. entwickelt, und ziehe so, dass sie nicht von den gegnerischen Figuren verjagt werden können.

Ziehe mit jeder Figur nur einmal in der Eröffnung, mache also keine unnötigen Züge. Denn mit jedem Zug soll man eine weitere Figur ins Spiel bringen. Jeder Zug sollte dazu dienen, die Zentrumsfelder zu kontrollieren. Mache möglichst wenige Bauernzüge, aber auf keinen Fall Züge mit den Randbauern. Auch die Springer sollen nicht an den Rand gezogen werden. Die Dame sollte man nicht zu früh ziehen. Der König sollte in Sicherheit gebracht werden (Rochade). Denn dadurch ist er in einer sicheren Position und der Turm kann sich aktiv ins Schachspiel einschalten.

Für den Anfänger sind die Spanische und Italienische Eröffnung am besten geeignet. Denn ohne Schachtaktik geht es nun mal nicht.

Tipp:
Im Schach kommt es darauf an, die Züge des Gegners zu verstehen. Wie auch seine eigenen Züge, muss man auch die gegnerischen Züge im Voraus überlegen. Nach jedem Zug muss man neu vorausschauen, was der Gegner nun vorhat. Will er mich angreifen oder wird er im nächsten Zug eine Figur von mir schlagen. Nicht nur einen Zug, sondern mehrere Züge voraus denken. Nur dann kann ich Gegenmaßnahmen ergreifen, wenn ich weiß, was der Gegner im nächsten Zug machen wird. Also: Immer erst überlegen, dann ziehen!

Deswegen sollte man sich auch Zeit lassen. Nicht überstürzt ziehen, sondern in Ruhe überlegen, was sich mit dem nächsten Zug sich für Möglichkeiten ergeben. Im Schach kommt es nun mal darauf an, die nächsten 3 - 4 Züge im Voraus zu berechnen.

Deshalb gibt es einige Richtlinien:

1. Wenn man mit den Bauern eröffnet, dann mit den Königs- oder Damen-
   bauern (Zentralbauern), e- oder d-Bauer zwei Felder nach vorne spielen,
   dass sich die Läufer entwickeln können.

2. Entwickle zuerst die Leichtfiguren (Läufer, Springer) um mehr Felder
   zu beherrschen. Es sollte das Ziel sein, die Zentrumsfelder zu kontrollieren (e4, d4, e5, d5).

3. Die Springer nicht an den Rand ziehen. Denn dort haben sie nur wenige Zugmöglichkeiten und können wenige Felder kontrollieren.
   Besser: Weiß Sb1 - c3 und Sg1 - f3, Schwarz Sb8 - c6 und Sg8 - f6.

4. Überlegen, auf welches Feld man seine Figuren zieht bzw. entwickelt
   und ziehe so, dass sie nicht von den gegnerischen Figuren verjagt werden können.

5. Bringe die Schwerfiguren (Dame) nicht zu früh ins Schachspiel ein.

6. Mache keine unnötigen Züge, ziehe besonders nicht mit einer Figur
   zweimal.

7. Jeder Zug sollte dazu dienen, die Zentrumsfelder zu kontrollieren.

8. Der König sollte in Sicherheit gebracht werden (Rochade). Denn dadurch ist er in einer sicheren Position und der Turm kann sich aktiv ins
   Schachspiel einschalten.

9. Mache wenige Bauernzüge. Entwickle deine Figuren.

10. Behindere die gegnerischen Figuren an ihrer Entwicklung.

Dann unterscheidet man noch, wie man eröffnet. Es gibt die Offenen, Halboffenen oder Geschlossenen Partien. Sie werden unterschieden, wie man die Figuren bei der Eröffnung zieht.

Wird mit e2 - e4 eröffnet und antwortet der Gegner mit e7 - e5, dann liegt ein Offenes Spiel vor.

Zieht Schwarz aber mit c7 - c5, c7 - c6 oder e7 - e6, spricht man von einem Halboffenen Spiel.

Beginnt Weiß die Eröffnung mit d2 - d4, c2 - c4 oder Sg1 - f3, und der Gegner antwortet mit d7 - d5 oder mit Sg8 - f6, spricht man von einem Geschlossenen Spiel.

Für jede Eröffnung gibt es ein Für und Wider. Welche für sie nun die Beste ist, müssen sie selbst herausfinden. Dies wird nur die Spielpraxis zeigen.

Matt-Spiele: Narrenmatt

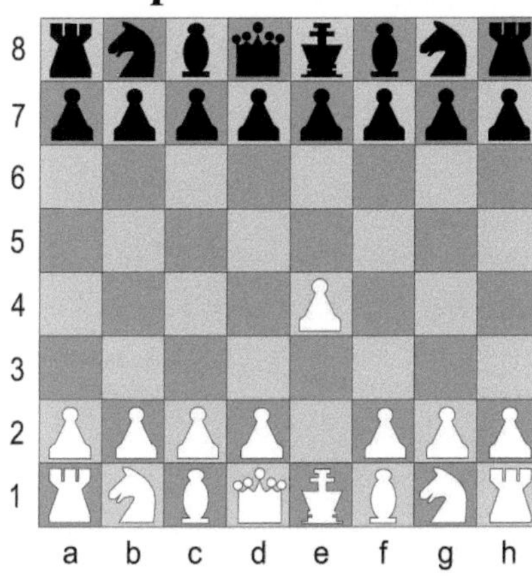

1. e2 - e4

Weiß zieht mit dem Königsbauer und besetzt das Zentrum. Damit hat er dem Läufer und der Dame die Möglichkeit gegeben, sich zu entwickeln.

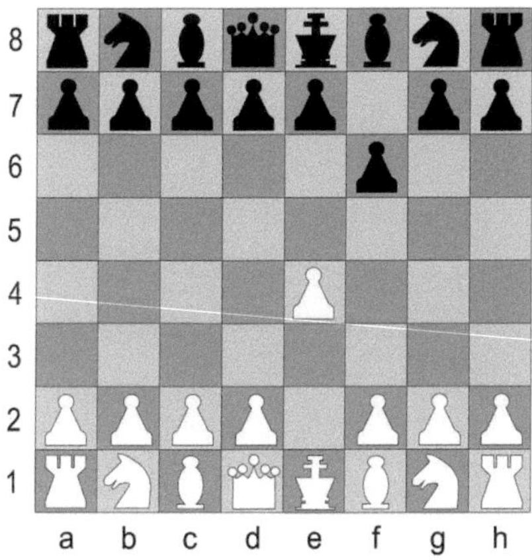

f7 - f6

Der schwarze Zug bringt nichts. Dadurch kann man auch keine Leichtfigur ins Spiel bringen und der Springer kann nicht aufs Feld f6 ziehen, um das Zentrum zu beherrschen. Auch ist die Sicherheit des Königs nicht mehr gewährt, wenn man die kleine Rochade machen will.

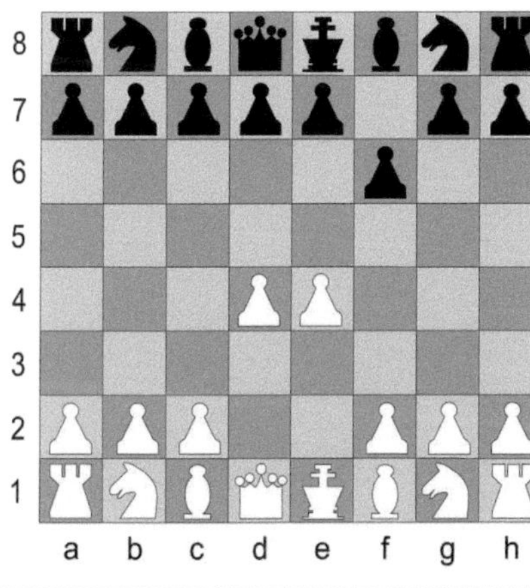

2. d2 - d4

Weiß zieht mit dem Damenbauer und besetzt das Zentrum. Damit hat er dem Läufer die Möglichkeit gegeben, sich zu entwickeln.

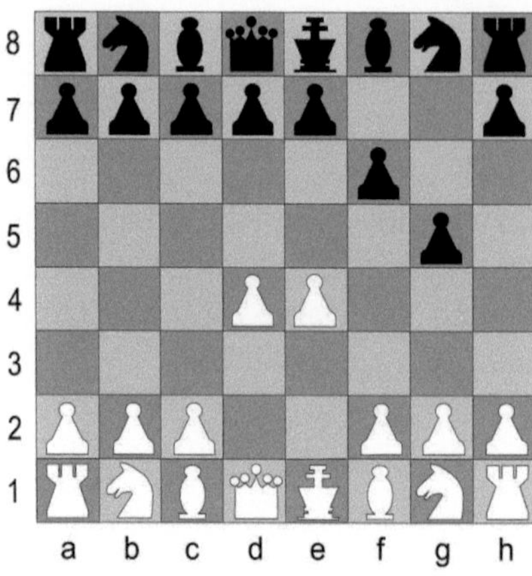

g7 - g5
Dies war ein sehr schlechter Zug.
Dadurch hat der schwarze König keine
verteidigende Figur mehr zum Schutz.

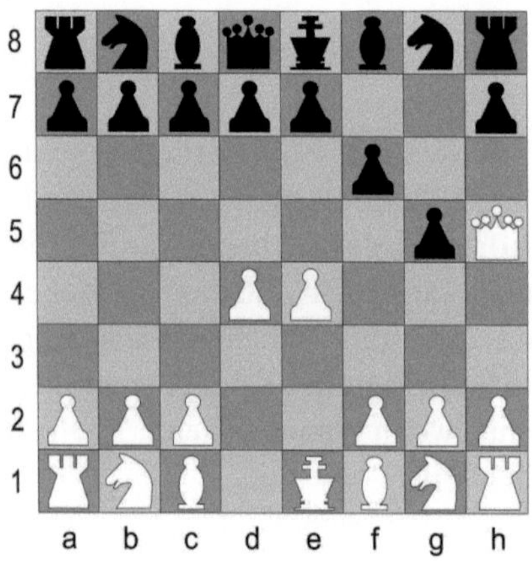

3. Dd1 - h5 ++
Dies nutzt nun Weiß aus und setzt Matt.

Schäfermatt mit Läufer

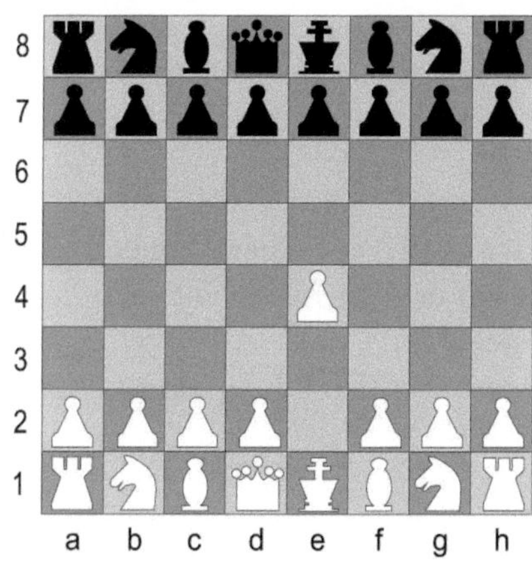

1. e2 - e4

Weiß zieht mit dem Königsbauer und besetzt das Zentrum. Damit hat er dem Läufer und der Dame die Möglichkeit gegeben, sich zu entwickeln.

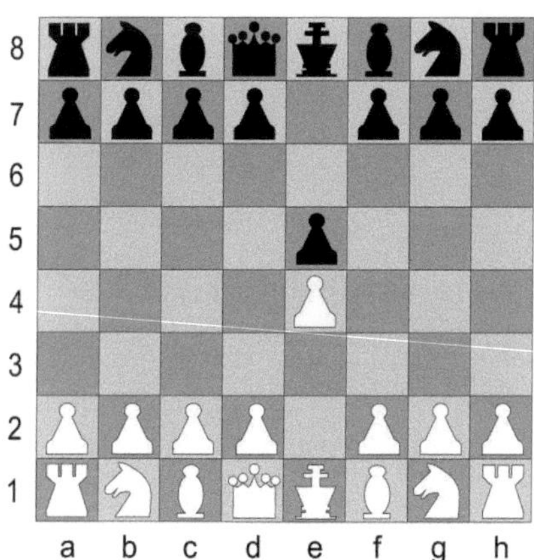

e7 - e5

Schwarz hat das Gleiche gemacht wie Weiß.

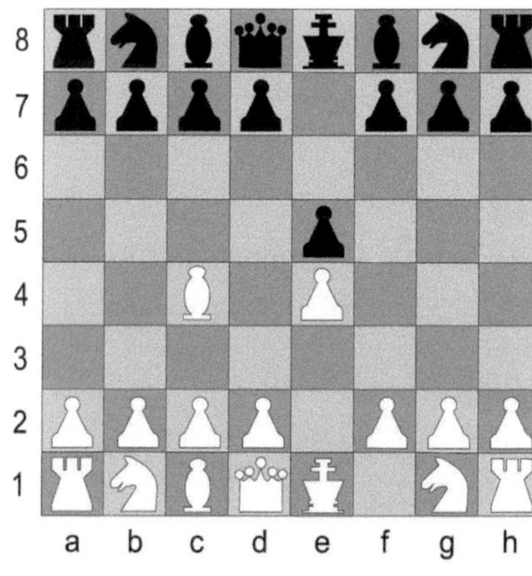

2. Lf1 - c4

Weiß zieht mit dem Läufer auf das Feld, von wo aus er den größten Bewegungs-spielraum hat.

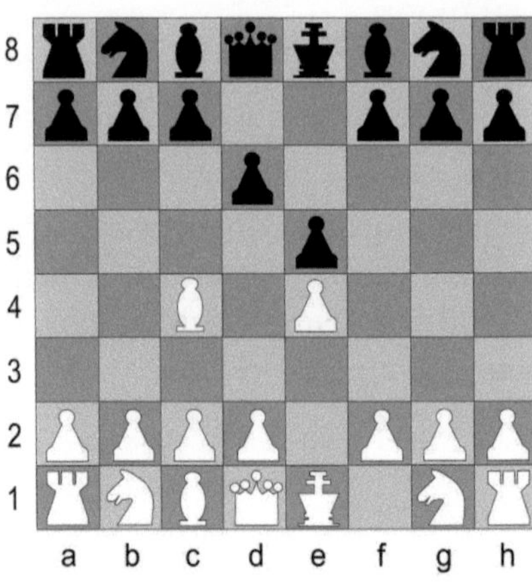

d7 - d6
Schwarz zieht mit dem Damenbauer. Damit hat er dem Läufer die Möglichkeit gegeben, sich zu entwickeln. Behindert aber den Läufer auf f8.

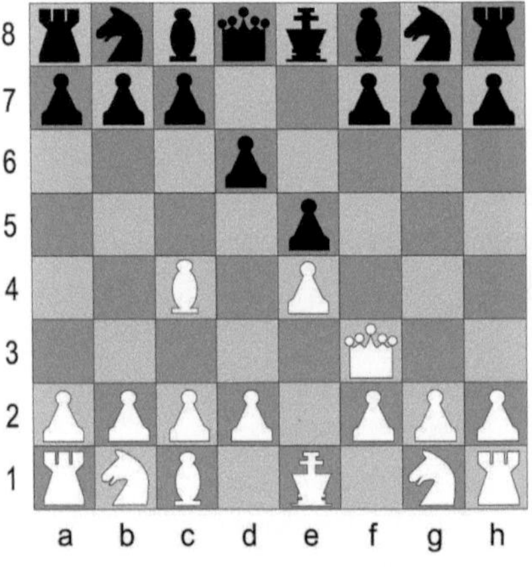

3. Dd1 - f3
Weiß droht jetzt Schwarz auf Feld f7 durch Läufer und Dame.

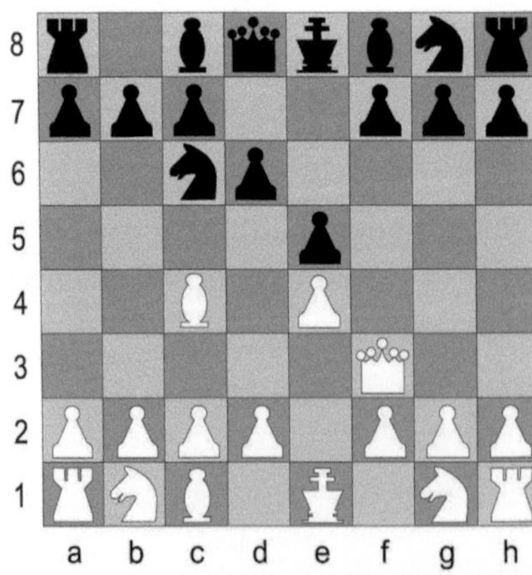

Sb8 - c6
Schwarz hat die Drohung nicht gesehen und macht jetzt den falschen Zug.

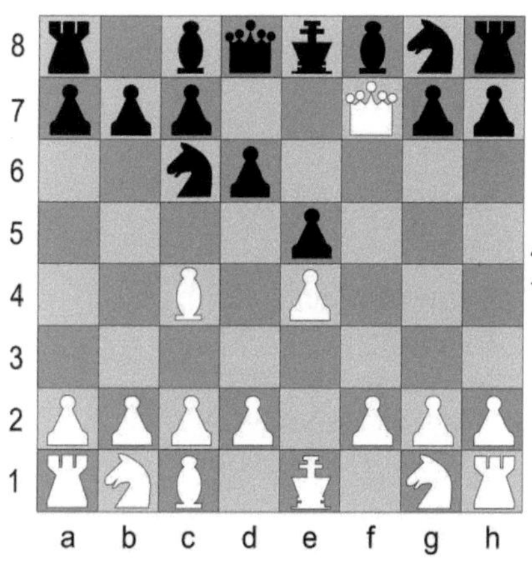

4. Df3 x f7 ++
Weiß setzt Matt.

Schäfermatt mit Springer

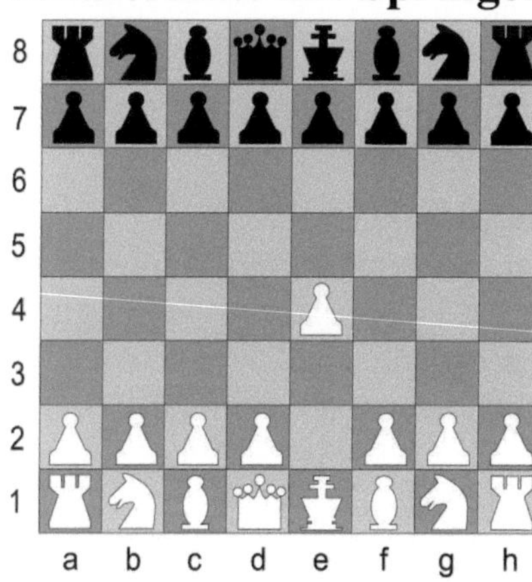

1. e2 - e4
Weiß zieht mit dem Königsbauer und besetzt das Zentrum. Damit hat er dem Läufer und der Dame die Möglichkeit gegeben, sich zu entwickeln.

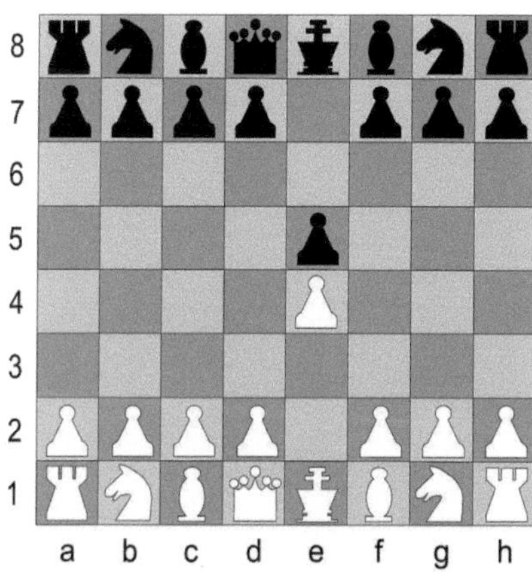

e7 - e5
Schwarz hat das Gleiche gemacht wie Weiß.

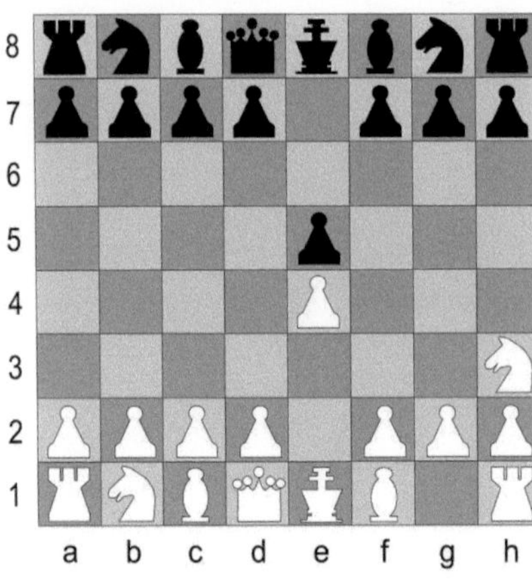

2. Sg1- h3

Weiß zieht mit dem Springer an den Rand. Eigentlich ein schlechter Zug.

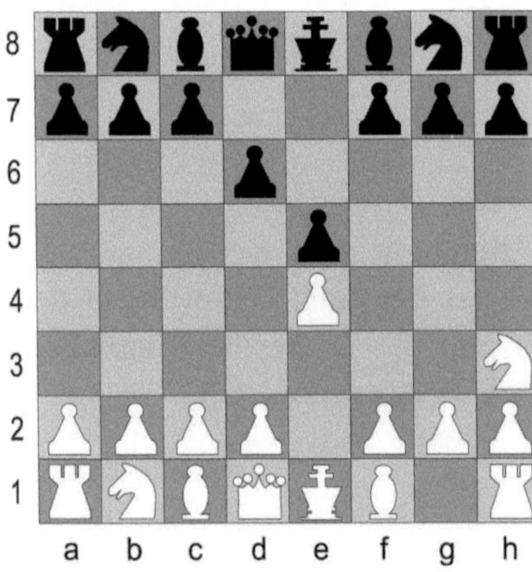

d7 - d6

Schwarz zieht mit dem Königsbauer. Damit hat er dem Läufer die Möglichkeit gegeben, sich zu entwickeln. Behindert aber den Läufer auf f8.

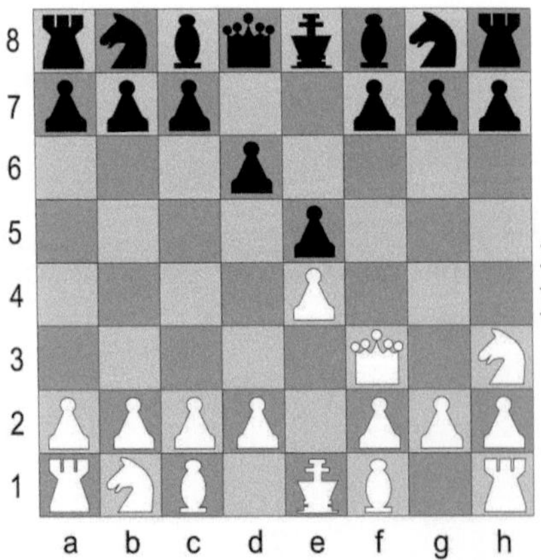

3. Dd1 - f3

Die Dame wird jetzt ins Spiel gebracht.

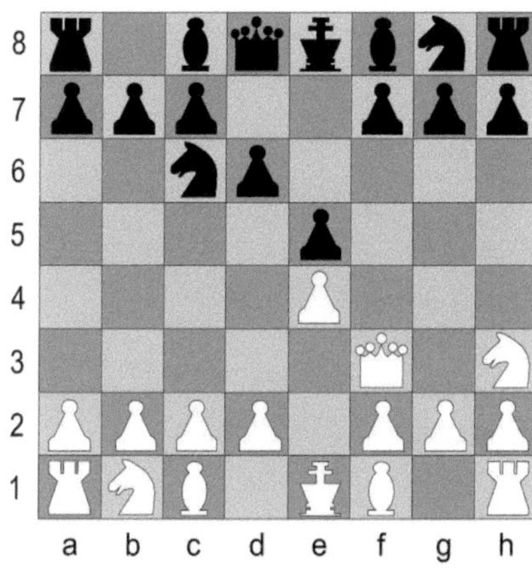

Sb8 - c6

Schwarz zieht mit dem Springer und beherrscht jetzt das Zentrum.

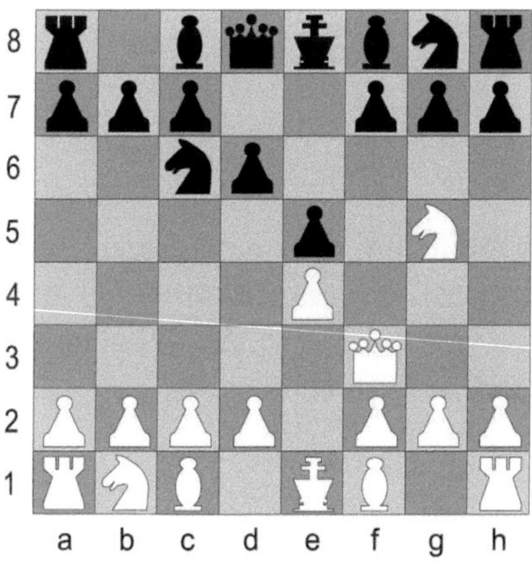

4. Sh3 - g5

Weiß droht jetzt Schwarz auf Feld f7 durch Springer und Dame.

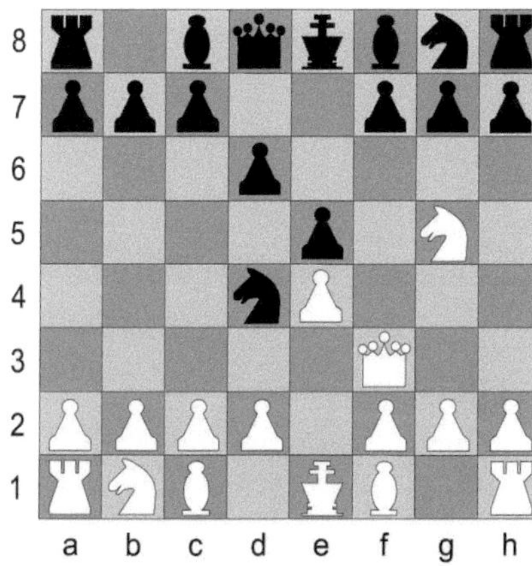

Sc6 - d4

Schwarz hat die Drohung nicht gesehen und greift die weiße Dame an.

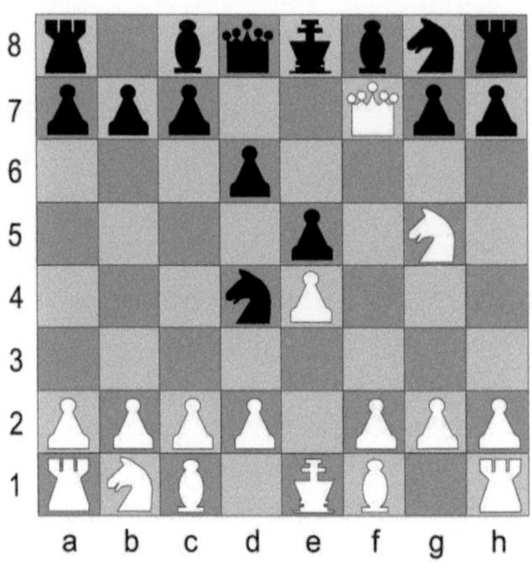

5. Df3 x f7 ++
Weiß setzt Matt.

Seekadetten-Matt

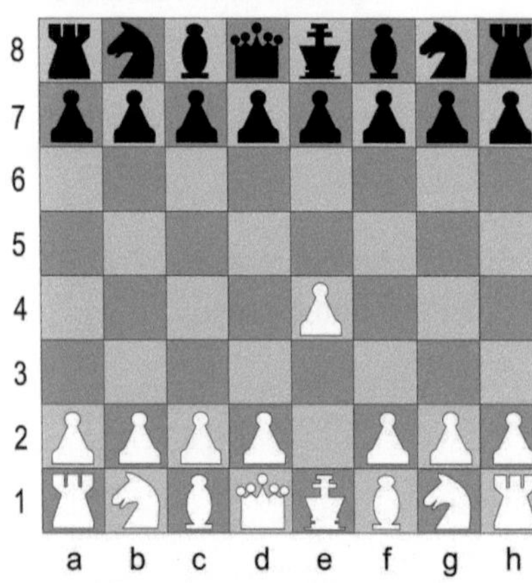

1. e2 - e4
Weiß zieht mit dem Königsbauer und besetzt das Zentrum. Damit hat er dem Läufer und der Dame die Möglichkeit gegeben, sich zu entwickeln.

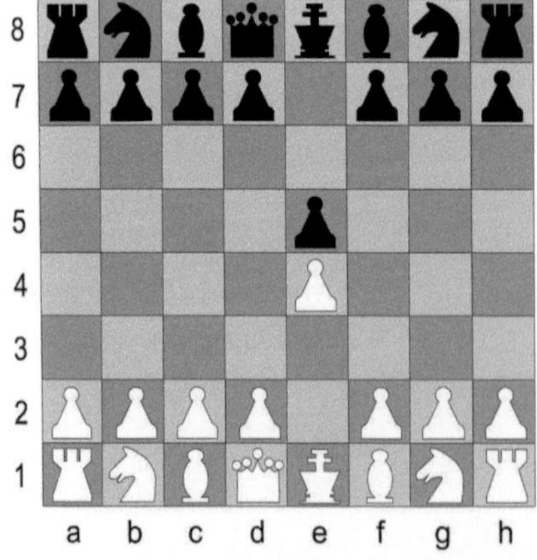

e7 - e5
Schwarz hat das Gleiche gemacht wie Weiß.

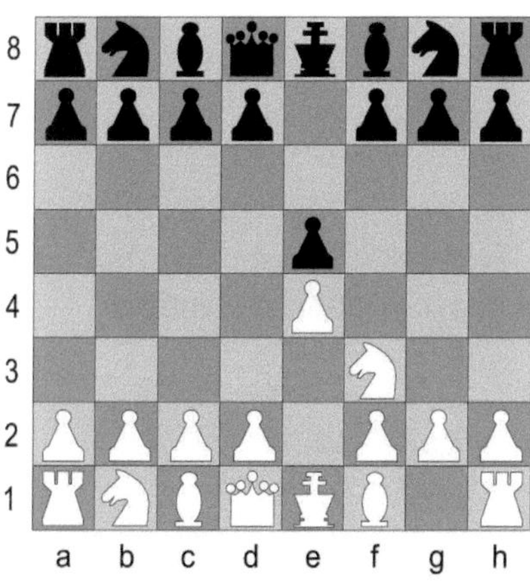

2. Sg1 - f3

Weiß entwickelt seinen Springer und greift damit den Bauern auf e5 an.

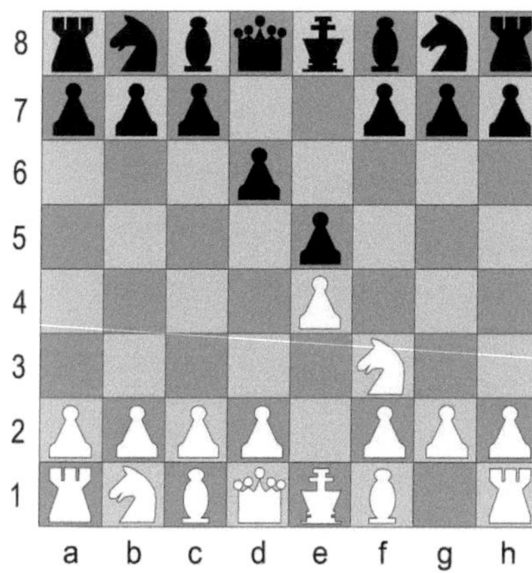

d7 - d6

Schwarz zieht mit dem Damenbauer. Damit hat er dem Läufer die Möglichkeit gegeben, sich zu entwickeln und deckt seinen Bauern auf e5. Behindert aber den Läufer auf f8.

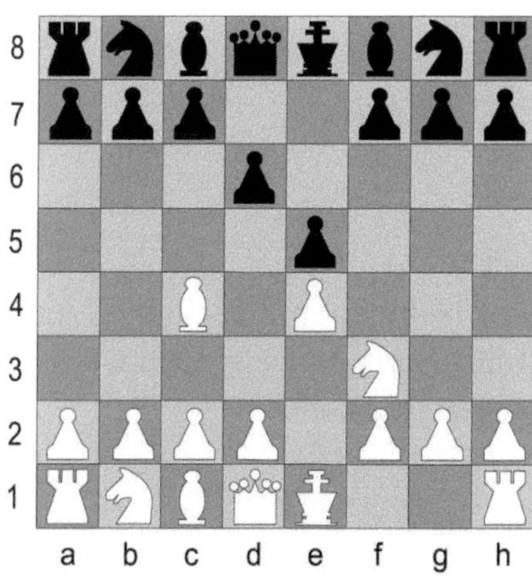

3. Lf1 - c4

Weiß zieht mit dem Läufer auf das Feld, von wo aus er den größten Bewegungsspielraum hat.

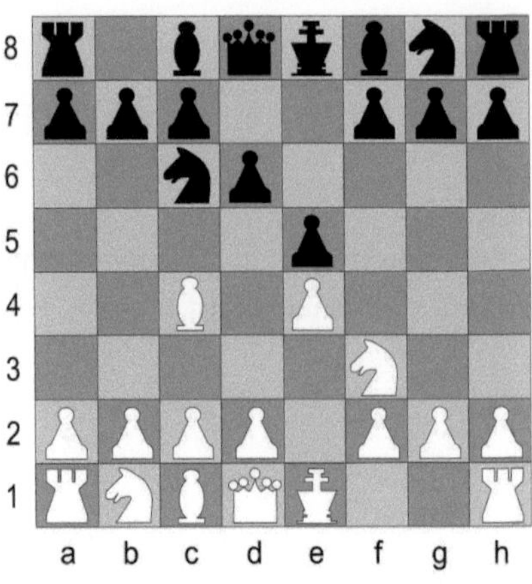

Sb8 - c6
Auch Schwarz zieht mit dem Springer und beherrscht jetzt das Zentrum.

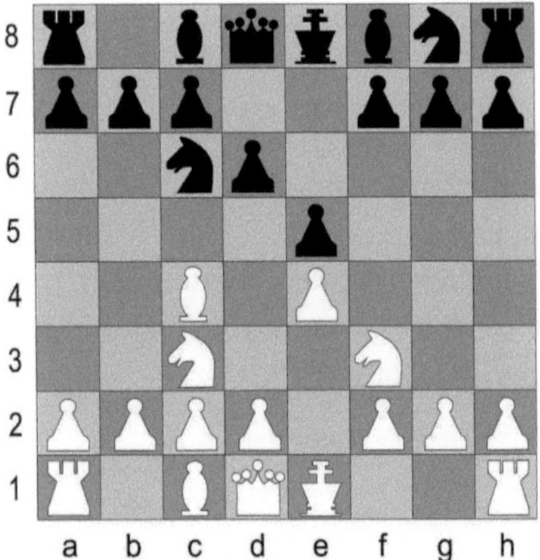

4. Sb1 - c3
Weiß hat das Gleiche gemacht wie Schwarz.

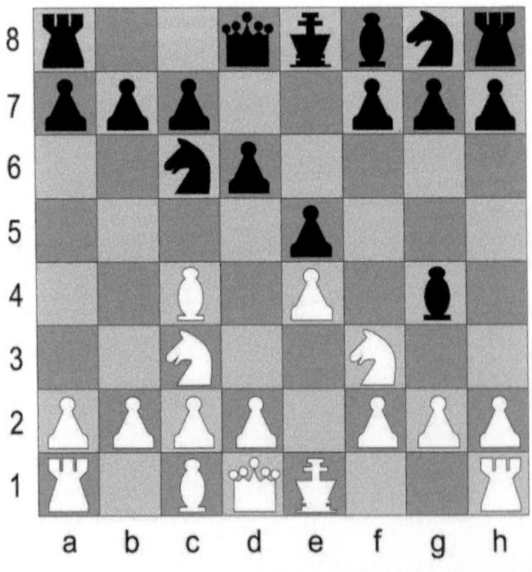

Lc8 - g4
Schwarz bedroht Springer auf f3 und fesselt ihn. Springer kann nicht wegziehen, wegen Dame auf d1.

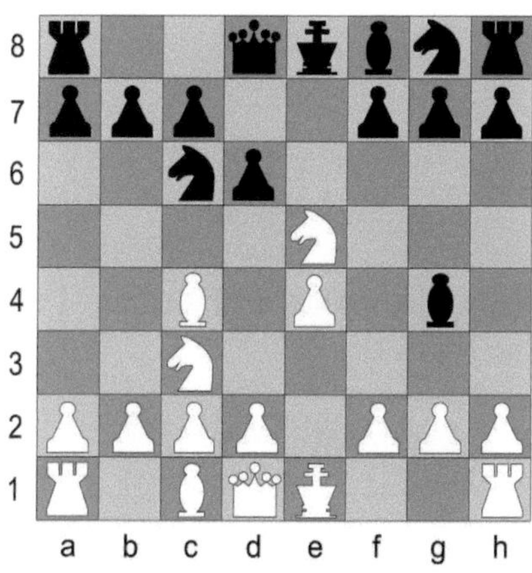

5. Sf3 x e5
Weiß gibt seine Dame frei zum schlagen. Die Fesselung interessiert ihn nicht.

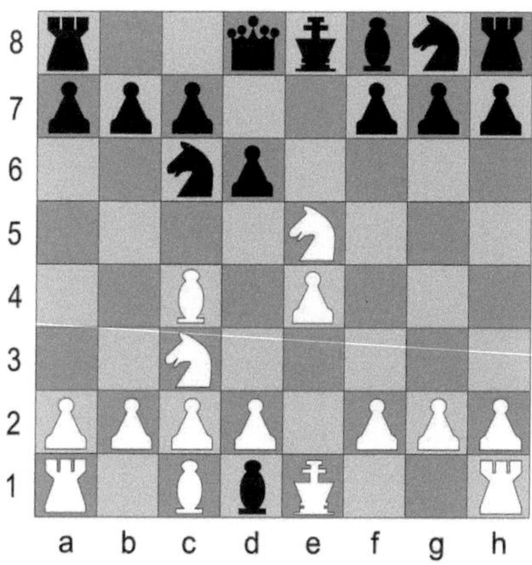

Lg4 x d1
Schwarz schlägt die Dame. Dies war ein Fehler.

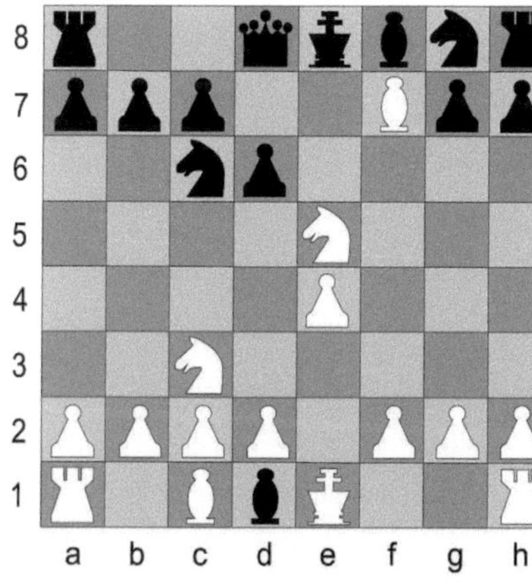

6. Lc4 x f7+
Nun wird durch den Läufer dem König Schach geboten.

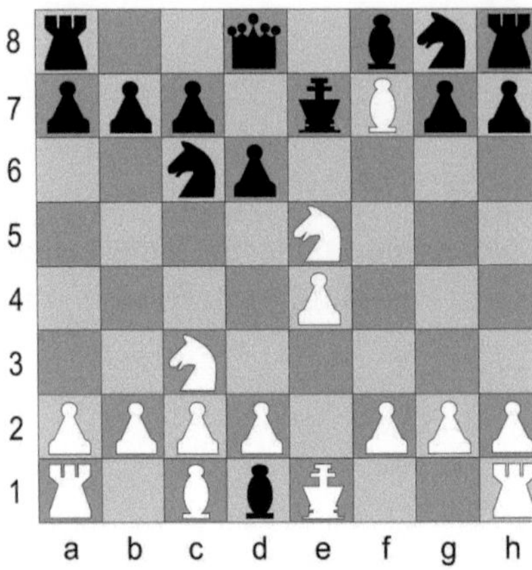

Ke8 - e7

Der König kann nur noch auf ein Feld ziehen.

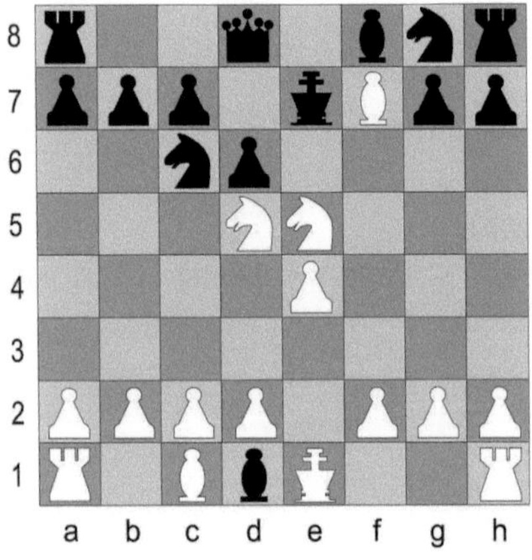

7. Sc3 - d5++

Weiß setzt Schwarz Matt.

Marschall-Falle

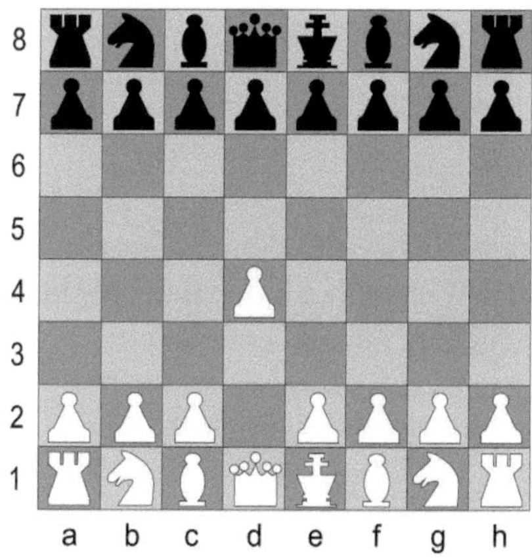

1. d2 - d4
Weiß zieht mit dem Damenbauer und besetzt das Zentrum. Damit hat er dem Läufer die Möglichkeit gegeben, sich zu entwickeln.

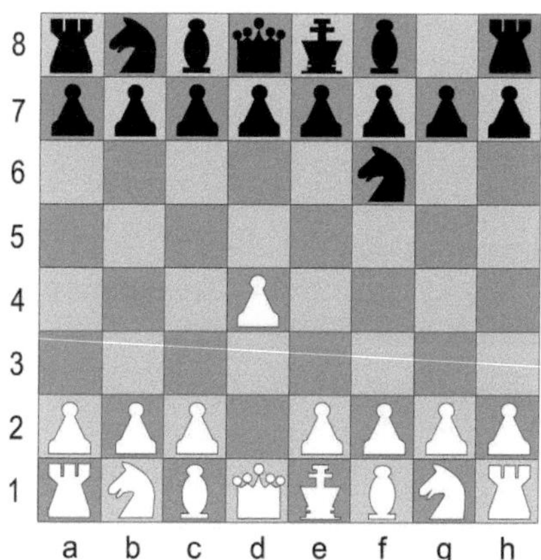

Sg8 - f6
Schwarz zieht mit dem Springer und beherrscht jetzt das Zentrum.

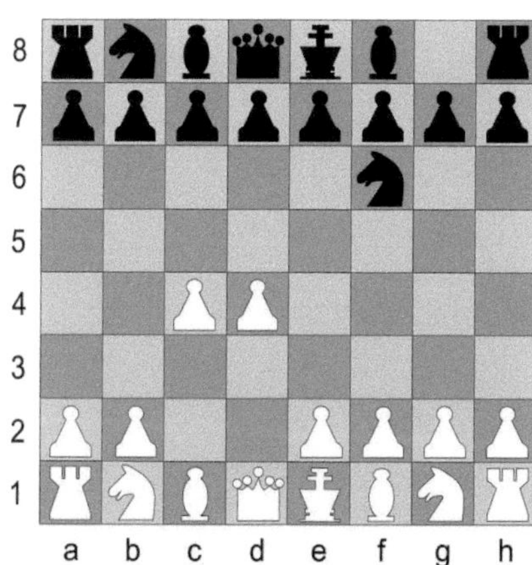

2. c2 - c4
Unterstützung des Zentrums.

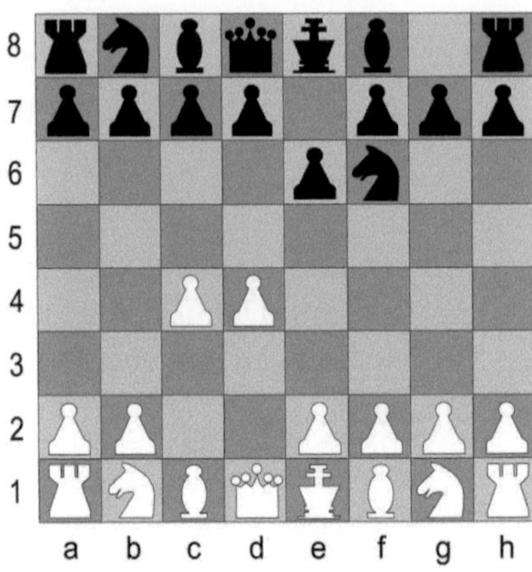

e7 - e6

Schwarz zieht mit dem Königsbauer. Damit hat er dem Läufer die Möglichkeit gegeben, sich zu entwickeln.

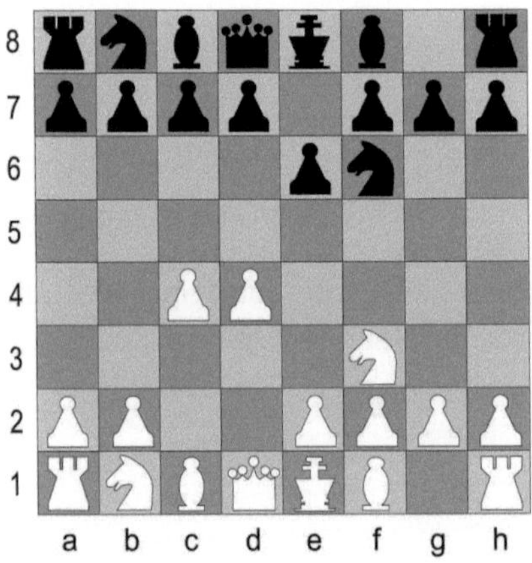

3. Sg1 - f3

Weiß zieht mit dem Springer und beherrscht jetzt das Zentrum.

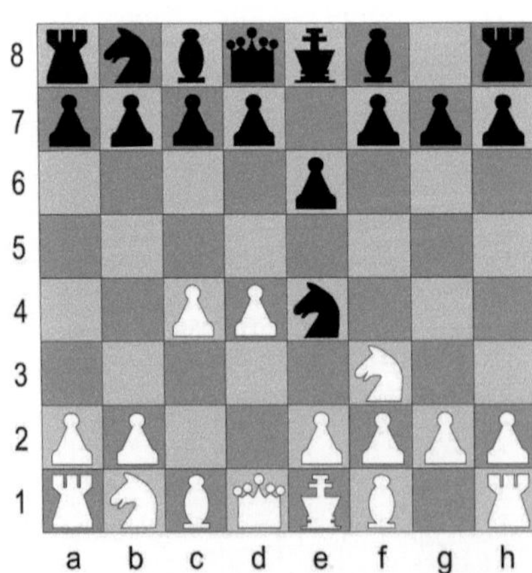

Sf6 - e4

Was für ein Zug?!

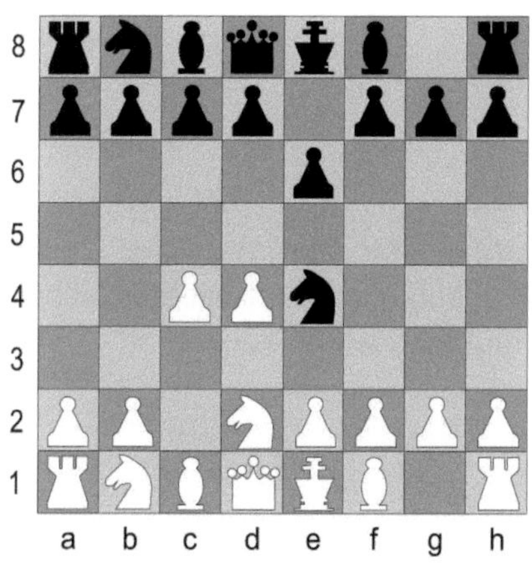

4. Sf3 - d2

Er hat den entwickelten Springer zurückgezogen!? Jetzt bedroht er den Springer auf e4.

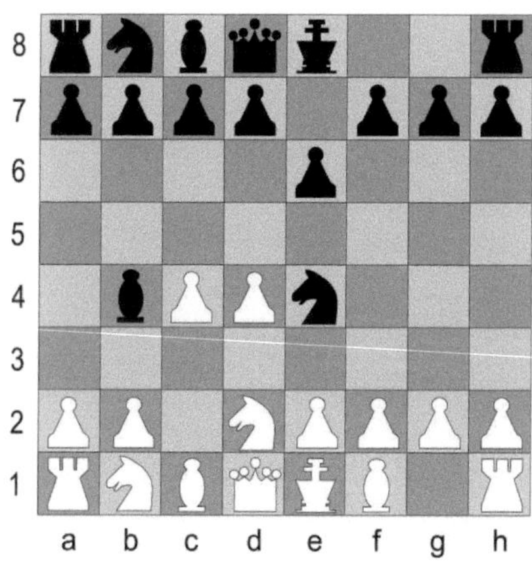

Lf8 - b4

Schwarz fesselt den Springer. Springer kann nicht wegziehen, sonst würde der König im Schach stehen.

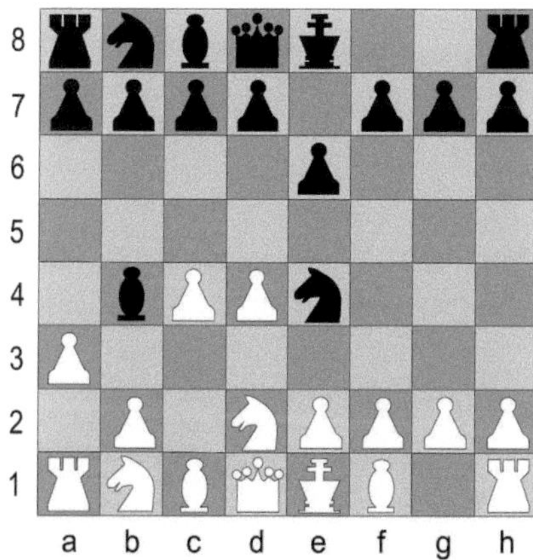

5. a2 - a3

Weiß möchte den Läufer vertreiben.

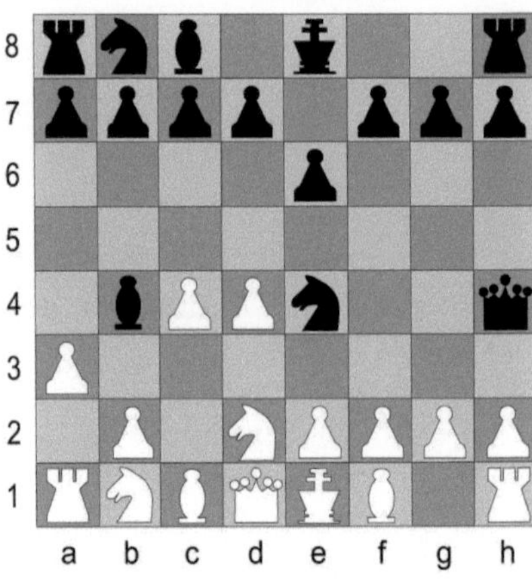

Dd8 - h4

Schwarz möchte, dass Weiß den Läufer auf b4 schlägt, damit er nach f2 ziehen kann und matt setzen kann.

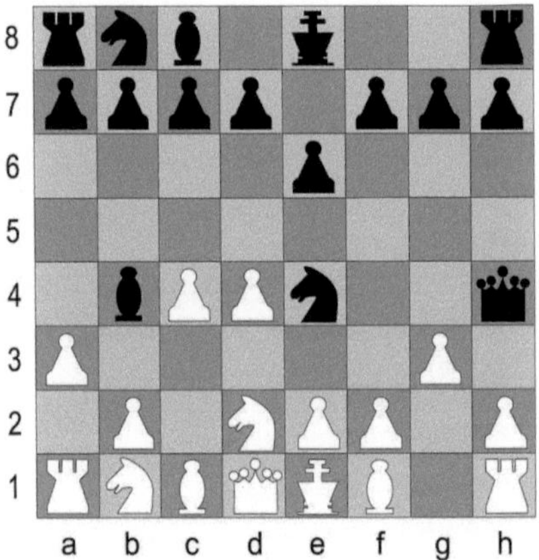

6. g2 - g3

Weiß hat es durchschaut.

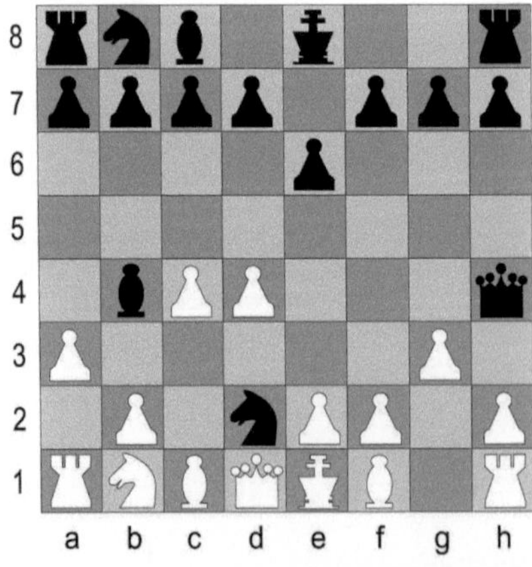

Se4 x d2

Der Springer wird geschlagen und Schwarz gibt seine Dame immer noch Preis.

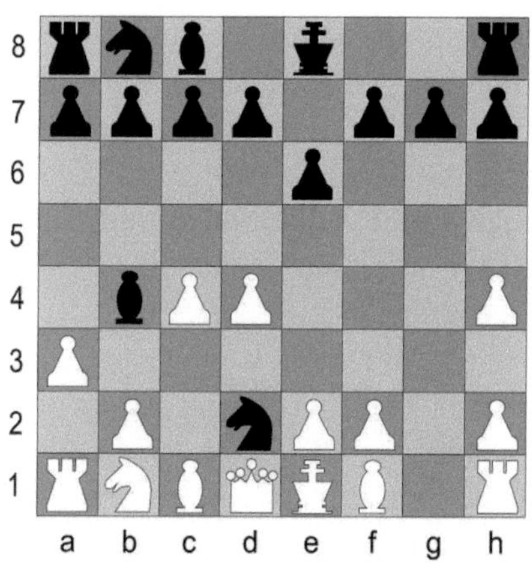

7. g3 x h4
Weiß kann nicht widerstehen und schlägt die Dame. Dies war ein Fehler.

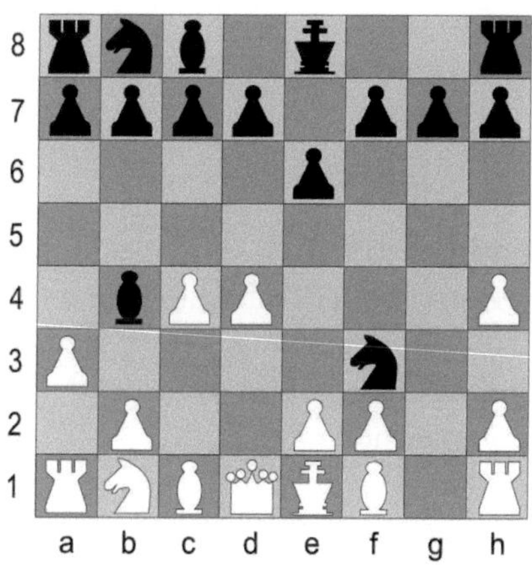

Sd2 - f3 ++
Doppelschach! Durch Lb4 und Sf3. Weiß ist matt.

Offene Spiele: Spanisch

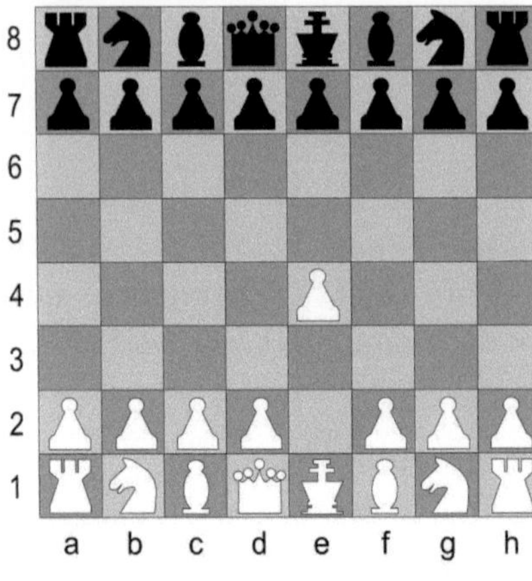

Sie zählt mit zu den meistgespieltesten Eröffnungen. Weiß möchte mit dieser Eröffnung schnell die kurze Rochade machen und mit dem Läufer auf b5 den Springer auf c6 zu bedrohen und damit den Bauer auf e5 zu gewinnen.

1. e2 - e4

Weiß zieht mit dem Königsbauer und besetzt das Zentrum. Damit hat er dem Läufer und der Dame die Möglichkeit gegeben, sich zu entwickeln. Das Feld c4 ist jetzt für den Läufer erreichbar.

Mit diesem Zug versucht man schnell die Figuren zu entwickeln und die Rochade vorzubereiten.

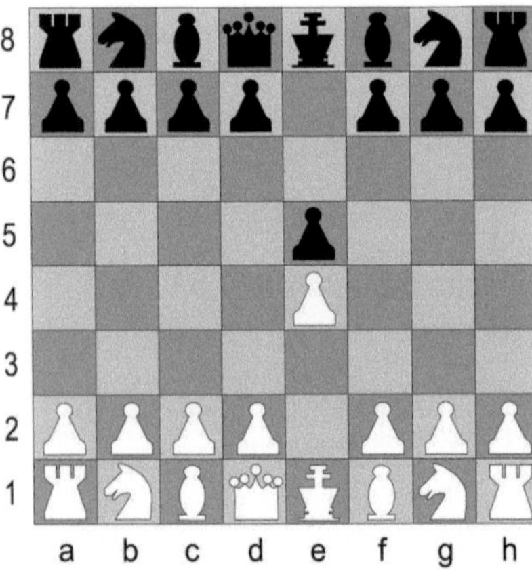

e7 - e5

Schwarz hat das Gleiche gemacht wie Weiß. Damit hat er dem Läufer und der Dame die Möglichkeit gegeben, sich zu entwickeln. Der Läufer kann jetzt das Feld c5 erreichen.

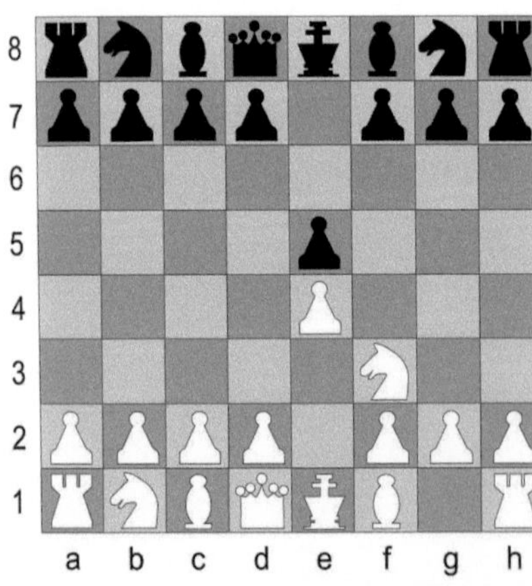

2. Sg1 - f3

Weiß entwickelt seinen Springer, greift das Feld d4 an, droht dem Bauer auf Feld e5 und beherrscht das Zentrum auf seinem natürlichen Entwicklungsfeld.

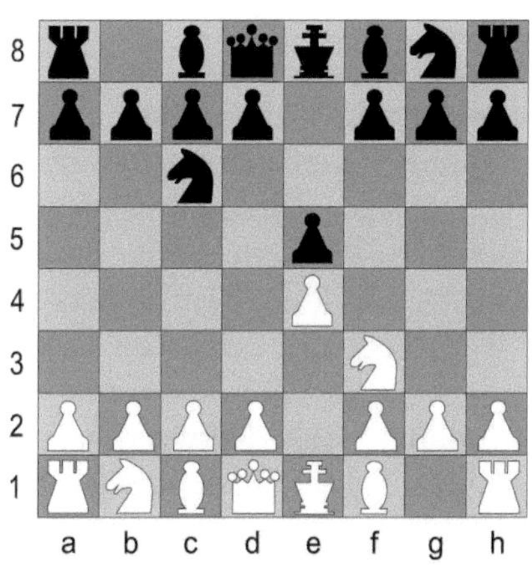

Sb8 - c6
Schwarz reagiert, schützt seinen Bauer, greift das Feld d4 an und entwickelt seinen Springer auf seinem natürlichen Entwicklungsfeld.

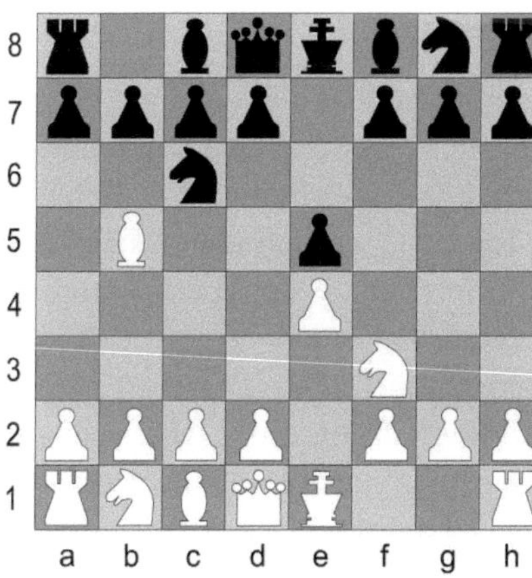

3. Lf1 - b5
Läufer droht Springer. Weiß kann bei Bedarf die Rochade ausführen.
Die Drohung, dass Schwarz seinen Bauer auf Feld e5 (durch Sf3) verliert, wird Schwarz mit dem nächsten Zug widerlegen.

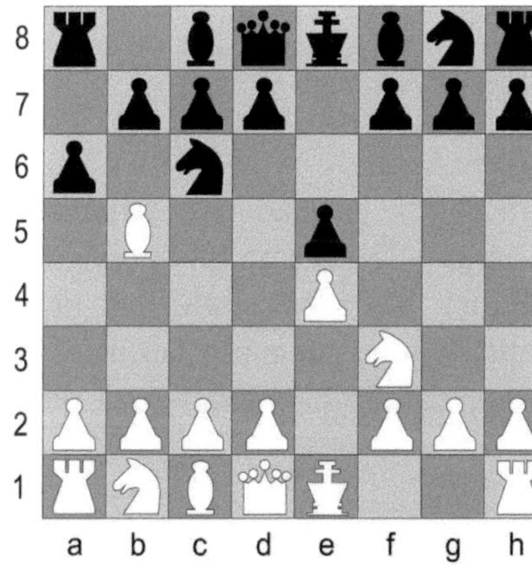

a7 - a6
Bauer möchte den Läufer vertreiben, Weiß soll sich zurückziehen. Der beliebteste Zug in der Eröffnung.

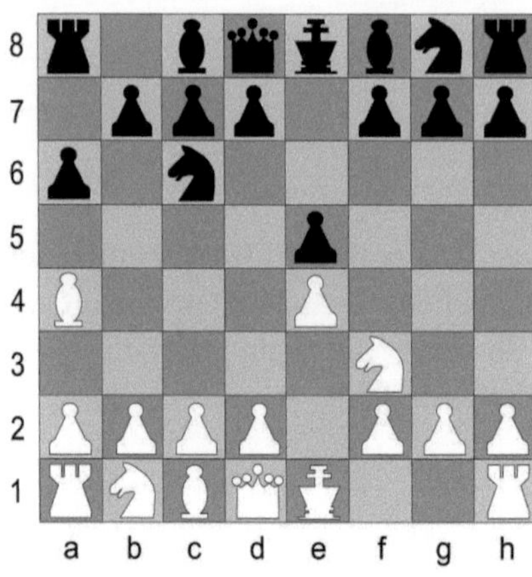

4. Lb5 - a4

Läufer droht dem Springer immer noch. Hier könnte Weiß den schwarzen Springer schlagen. Dadurch würde die schwarze Bauernkette ein wenig geschwächt, Lb5 x c6, b7 x c6 oder d7 x c6. Weiß zieht aber lieber den Läufer zurück.

Die Drohung, dass Schwarz seinen Bauer auf Feld e5 verliert, ist aber immer noch vorhanden.

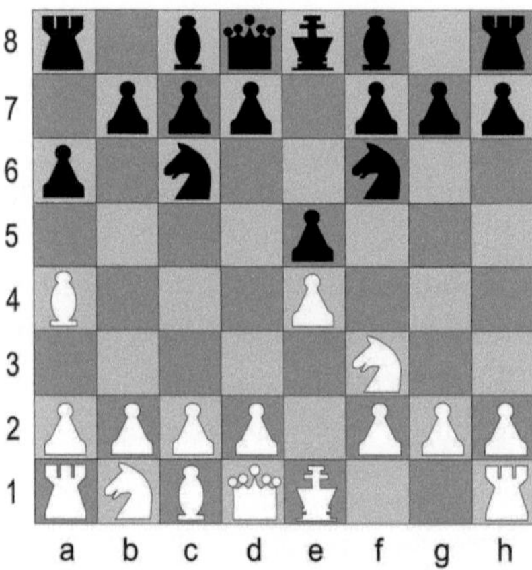

Sg8 - f6

Springer bedroht Bauer auf Feld e4.

Warum nicht weiter den Läufer bedrohen mit b7 – b5? Schwarz soll lieber seine Rochade vorbereiten. Man kann später immer noch den Läufer angreifen. Jetzt hat man einen schönen Positionskampf.

Wie Weiß e5 droht, droht jetzt Schwarz e4. Schwarz droht auch Feld d5 (Zentrumskampf).

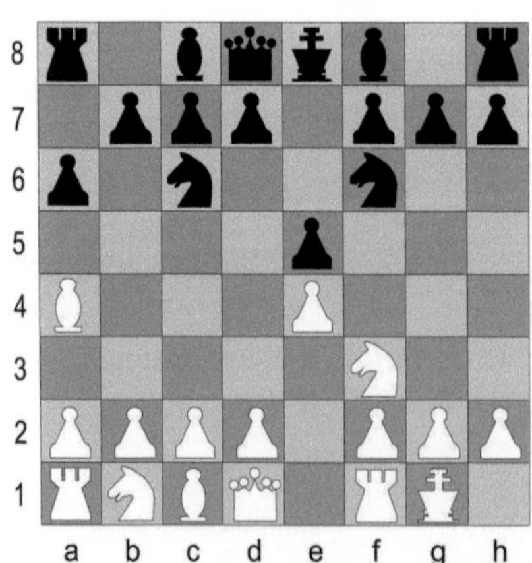

5. 0 - 0

Weiß macht die Rochade und bringt seinen König in Sicherheit. Lässt aber seinen Bauer auf dem Feld e4 ohne Deckung. Möchte dann mit Turm auf e1 ziehen um den Bauer wieder zu decken.

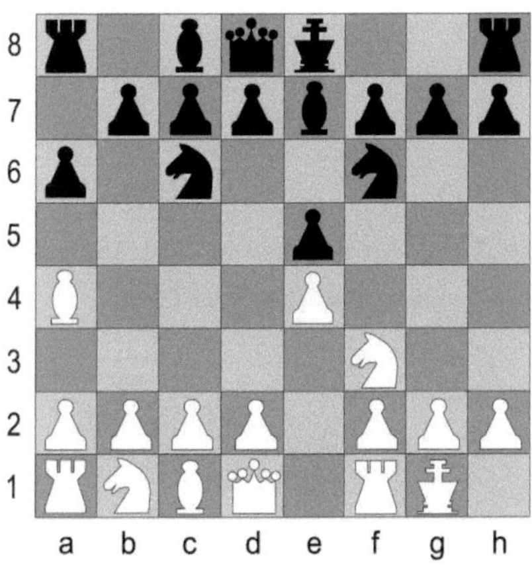

Lf8 - e7

Läufer macht Platz für die Rochade und entwickelt sich.

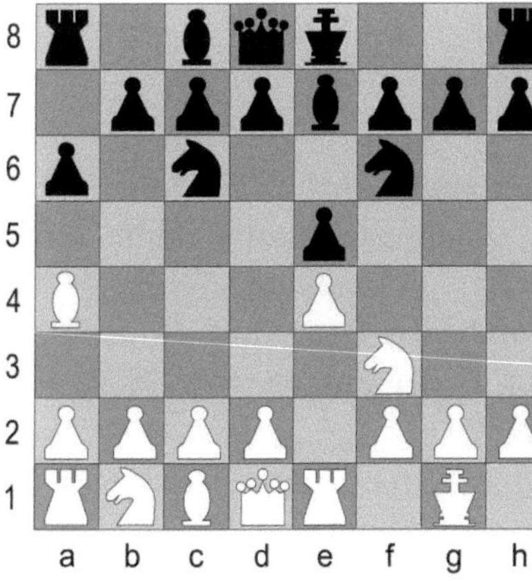

6. Tf1 - e1

Der Turm wird entwickelt und schützt den Bauer auf Feld e4.

Auch dies ist ein beliebter Zug in der Spanischen Eröffnung. Weiß zieht entweder mit Te1 oder mit De2.

Jetzt droht man mit der Eroberung des Bauern auf e5. Wenn Läufer auf Feld a4 den schwarzen Springer auf c6 schlägt, dann kann Weiß mit dem Springer vom Feld f3 den Bauer erobern.

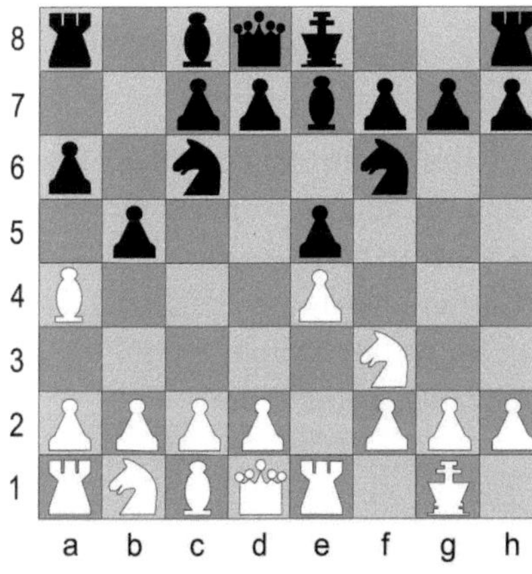

b7 - b5

Schwarz möchte den Läufer vertreiben und verhindert somit auch die Eroberung des Bauern auf e5.

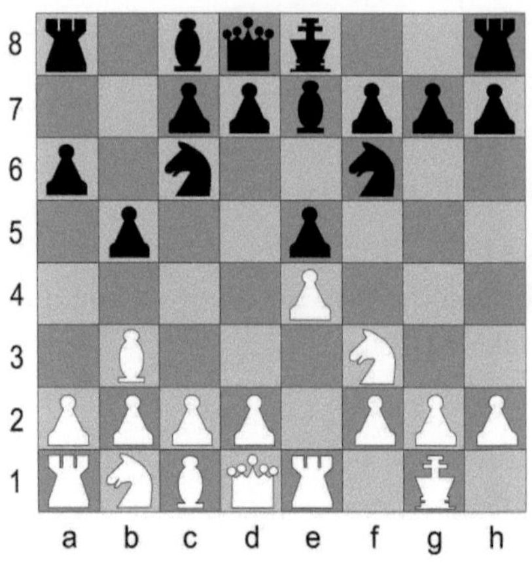

7. La4 – b3

Läufer zieht sich zurück und bedroht aber jetzt das schwache Feld f7.

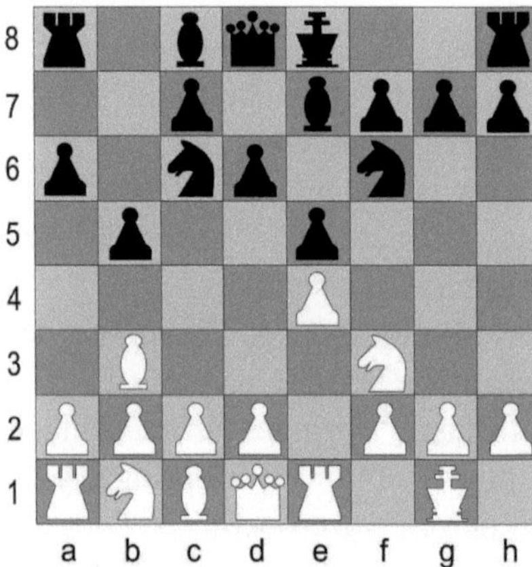

d7 - d6

Unterstützung des Zentrums. Der Läufer kann sich entwickeln (sein natürliches Entwicklungsfeld, f5, ist aber durch den Bauer auf e4 bedroht) und der Bauer auf e5 wird nochmals geschützt.

8. c2 - c3

Zug um das Zentrum zu beherrschen und schränkt die Bewegungsmöglichkeit des schwarzen Springers auf c6 ein. Dem Läufer wird ein Rückzugsfeld geschaffen, wenn Springer vom Feld c6 nach a5 ziehen sollte.

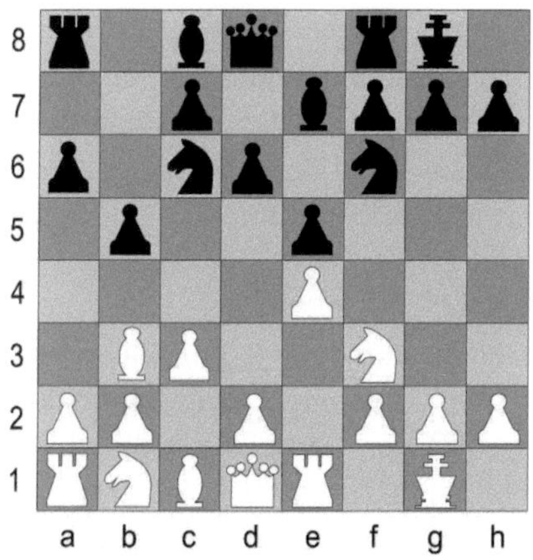

0 - 0
Schwarz macht die Rochade und bringt den König in Sicherheit.

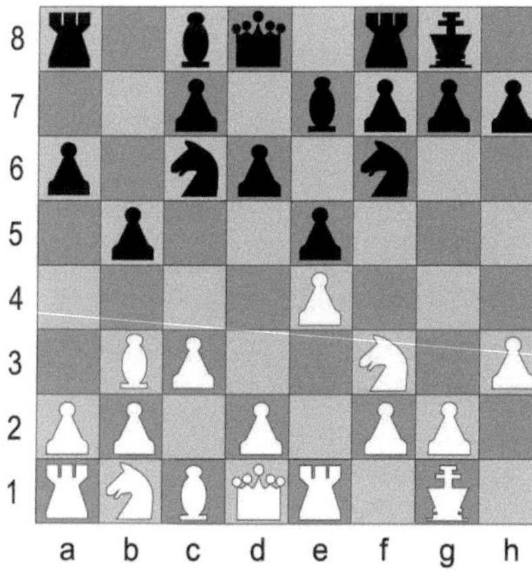

9. h2 - h3
Weiß schränkt die Bewegungsmöglichkeit des schwarzen Springers ein.
Aber auch die Möglichkeit des schwarzen Läufers, c8 – g4, zu unterbinden.

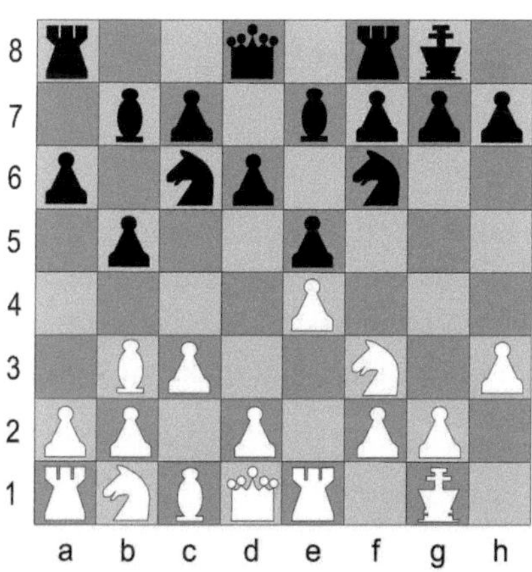

Lc8 - b7
Der Läufer wurde entwickelt. Wenn der Springer vom Feld c6 nach a5 ziehen würde, könnte der Bauer auf e4 erobert werden. Entweder mit Lb7 - e4 oder Sf6 - e4, da sie sich gegenseitig decken.

Italienisch

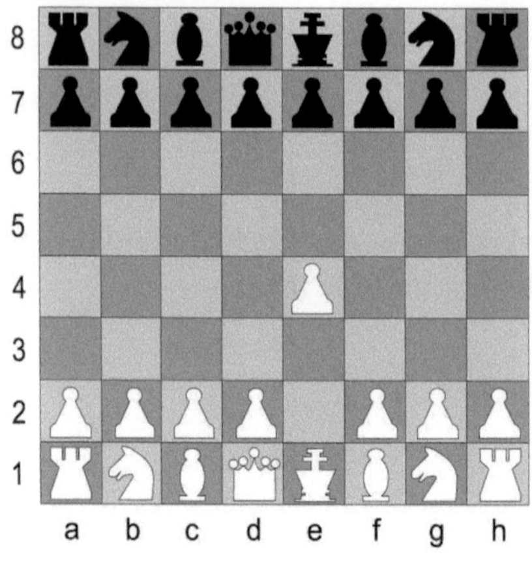

Bei der Italienischen Partie geht es um die Zentrumsbeherrschung. Der weiße Läufer auf c4 greift das schwache Feld f7, der schwarze Läufer auf c5 das Feld f2 an, die Leichtfiguren werden schnell ins Spiel gebracht.

1. e2 - e4

Weiß zieht mit dem Königsbauer und besetzt das Zentrum. Damit hat er dem Läufer und der Dame die Möglichkeit gegeben, sich zu entwickeln. Das Feld c4 ist jetzt für den Läufer erreichbar. Mit diesem Zug versucht man schnell die Figuren zu entwickeln und die Rochade vorzubereiten.

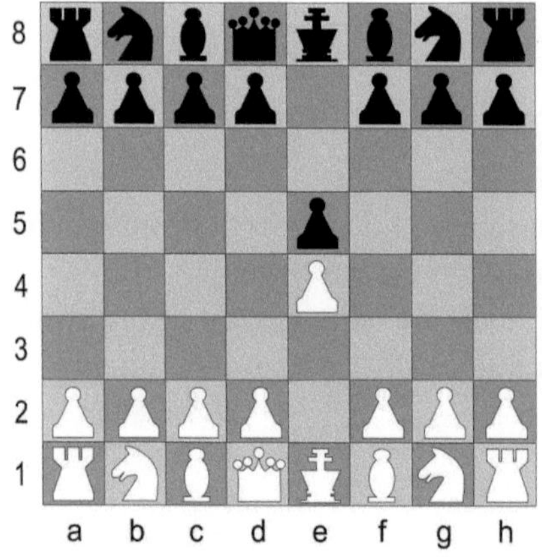

e7 - e5

Schwarz hat das Gleiche gemacht wie Weiß. Damit hat er dem Läufer und der Dame die Möglichkeit gegeben, sich zu entwickeln. Der Läufer kann jetzt das Feld c5 erreichen.

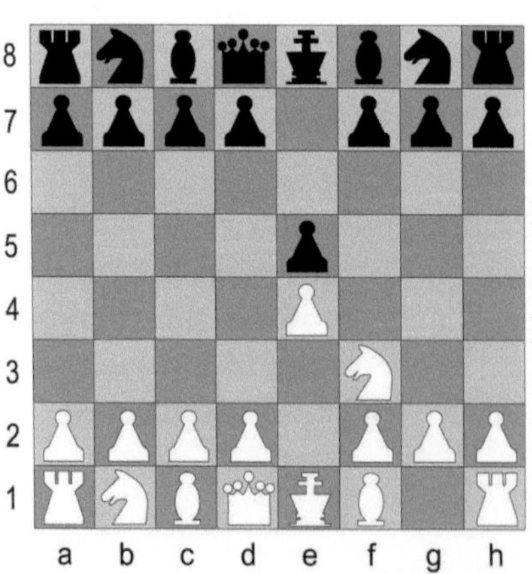

2. Sg1 - f3

Weiß entwickelt seinen Springer, greift das Feld d4 an, droht dem Bauer auf Feld e5 und beherrscht das Zentrum auf seinem natürlichen Entwicklungsfeld.

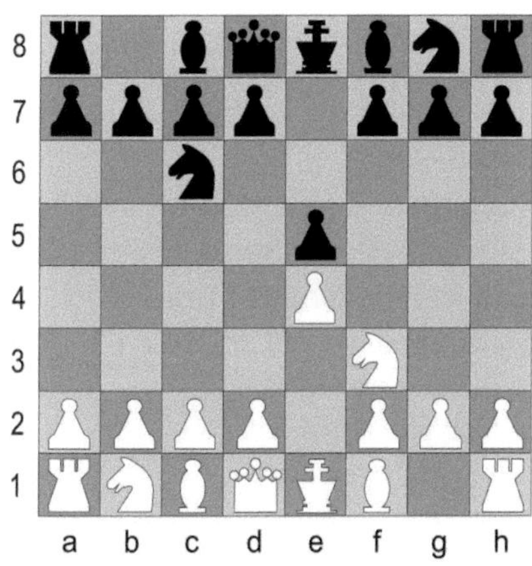

Sb8 - c6

Schwarz reagiert, schützt seinen Bauer, greift das Feld d4 an und entwickelt seinen Springer auf seinem natürlichen Entwicklungsfeld.

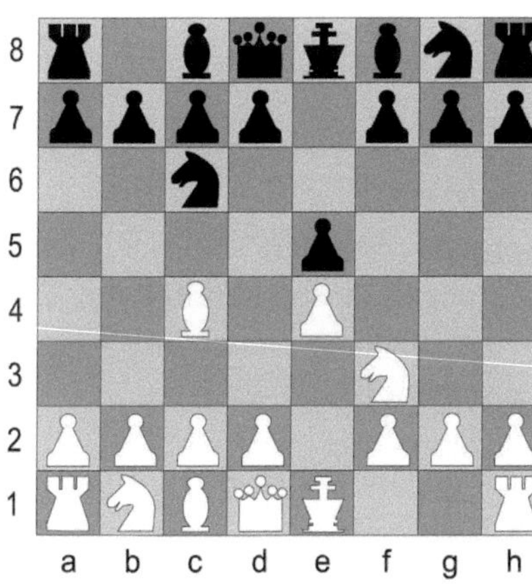

3. Lf1 - c4

Der Läufer wurde entwickelt (auf seinem natürliches Entwicklungsfeld c4), beherrscht das Feld d5 und bedroht das schwache Feld f7. Weiß kann bei Bedarf die Rochade ausführen.

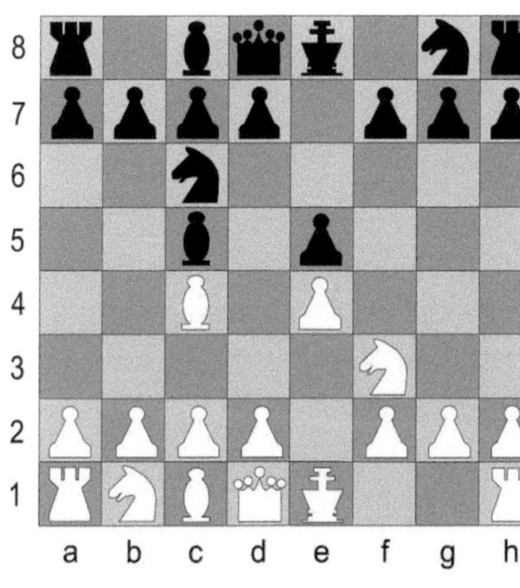

Lf8 - c5

Auch der schwarze Läufer hat sich entwickelt (auf sein natürliches Entwicklungsfeld c5) und beherrscht das Feld d4.

Mit diesen Zügen greifen beide jeweils den schwächsten Punkt des Gegners an, bei Weiß f2 und bei Schwarz f7.

Weiß kann jetzt die Rochade ausführen.

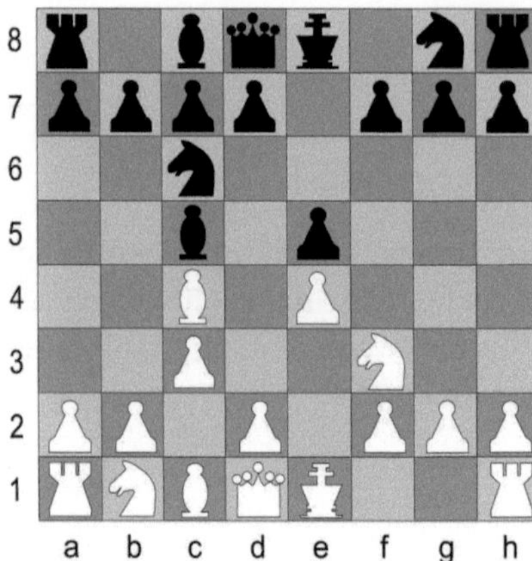

4. c2 - c 3

Weiß schränkt die Bewegungsmöglichkeit des schwarzen Springers ein und versucht ein Bauernzentrum zu errichten. Bedroht das Feld e5, mit d2 – d4 anzugreifen bzw. zu besetzen.

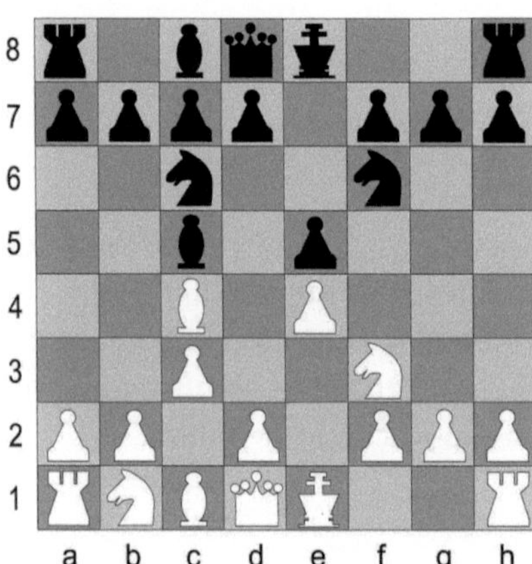

Sg8 - f6

Der Springer zieht auf sein natürliches Entwicklungsfeld f6, bereitet die Rochade vor, bedroht Bauer auf e4 und greift das das Feld d5 an.

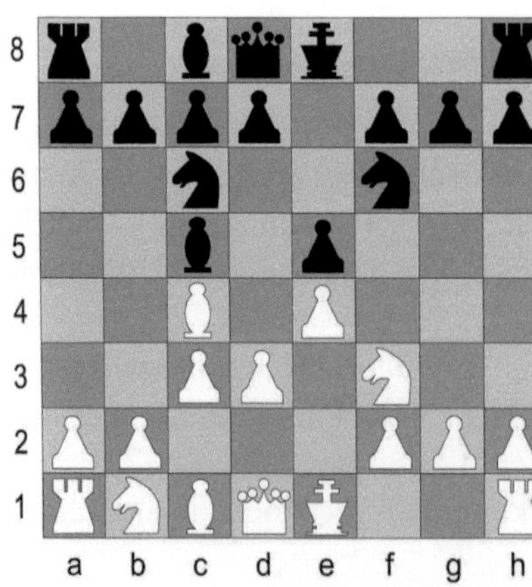

5. d2 - d3

Damit hat er dem Läufer die Möglichkeit gegeben, sich zu entwickeln und schützt seinen Bauer auf e4 und Läufer auf c4.

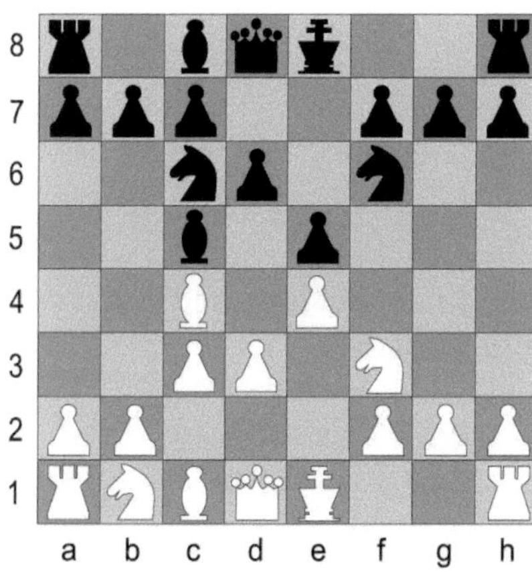

d7 - d6
Damit hat er dem Läufer die Möglichkeit gegeben, sich zu entwickeln.
Schützt seinen Bauer auf e5 und Läufer
auf c5.

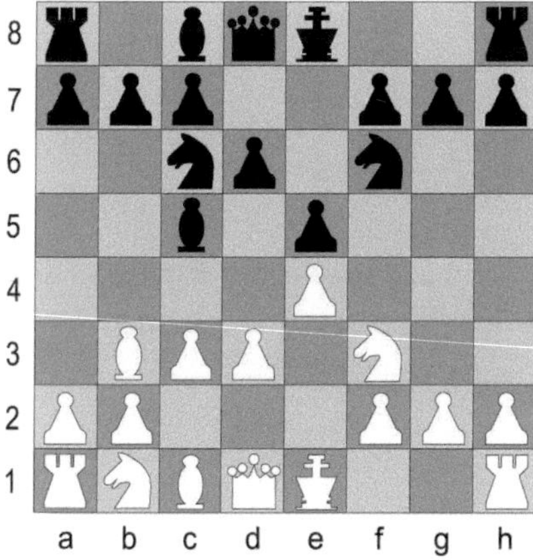

6. Lc4 - b3
Läufer zieht sich zurück!?
Wenn Schwarz nach d5 zieht, wäre ein
Bauer verloren (d6 - d5, Lc4 - b3, d5 x
e4, d3 x e4, Sf6 x e4).

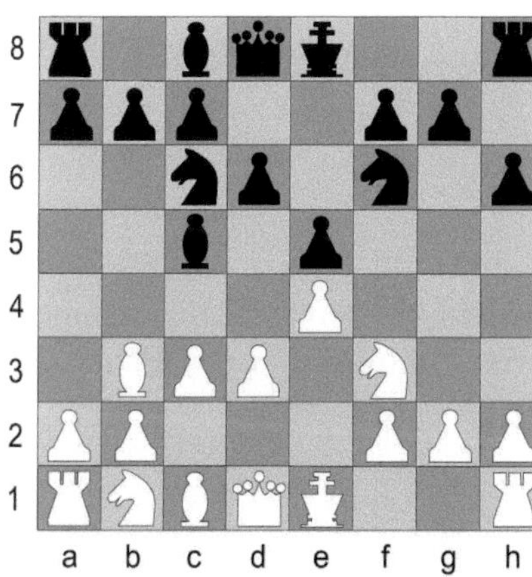

h7 - h6
Schwarz schränkt die Bewegungsmöglichkeit des weißen Springers ein, aber
auch die Möglichkeit des Läufers auf c1
- g5.

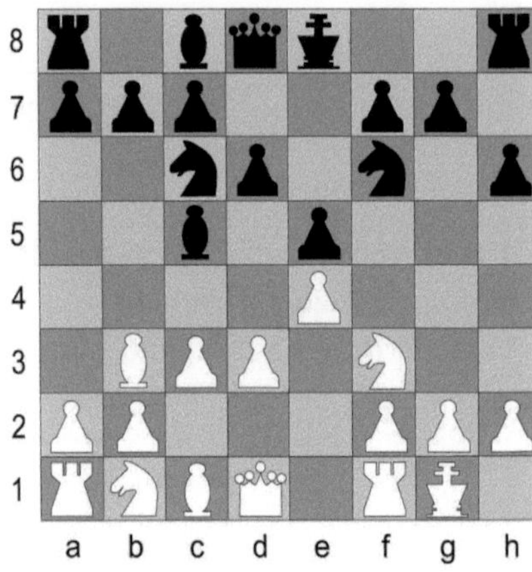

7. 0 - 0
Weiß macht die Rochade und bringt den König in Sicherheit.

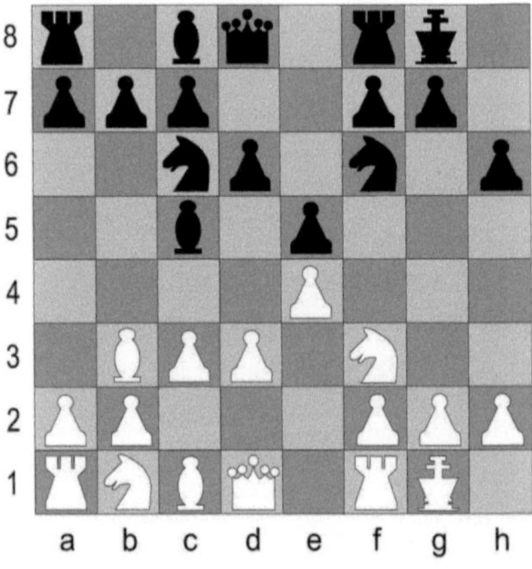

0 - 0
Auch Schwarz macht die Rochade und bringt den König in Sicherheit.

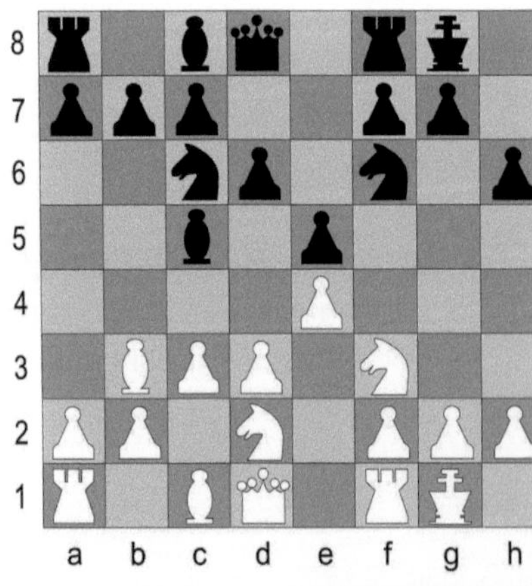

8. Sb1 - d2
Weiß entwickelt seinen Springer, unterstützt das Zentrum und den Bauer auf e4.

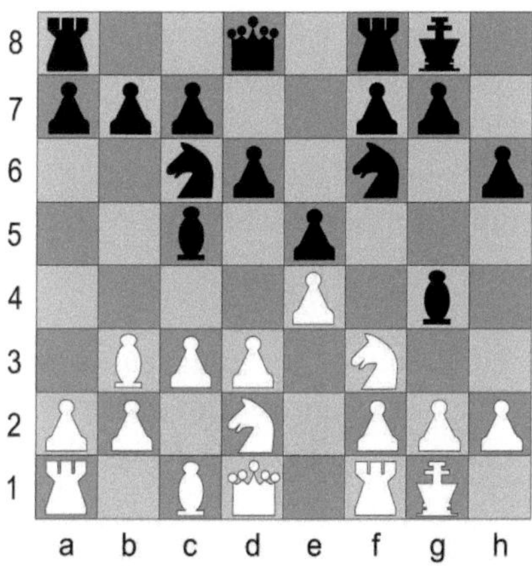

Lc8 - g4
Der Läufer entwickelt sich. Fesselung des Springers auf f3. Kann nicht wegziehen wegen Dame auf d1.

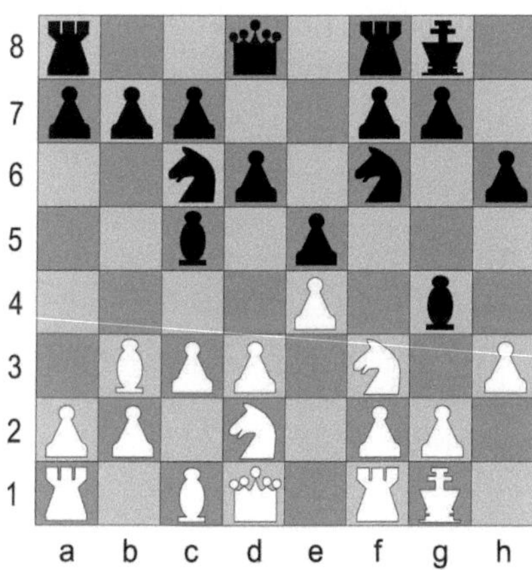

9. h2 - h3
Bauer möchte damit den Läufer vertreiben.

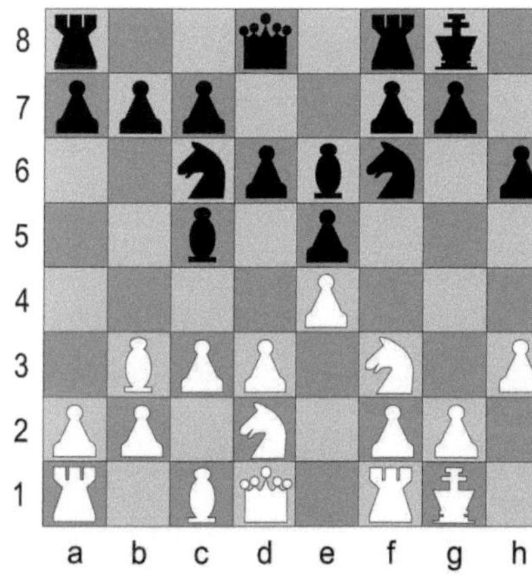

Lg4 - e6
Läufer zieht sich zurück und bedroht Läufer auf b3.

Läuferspiel

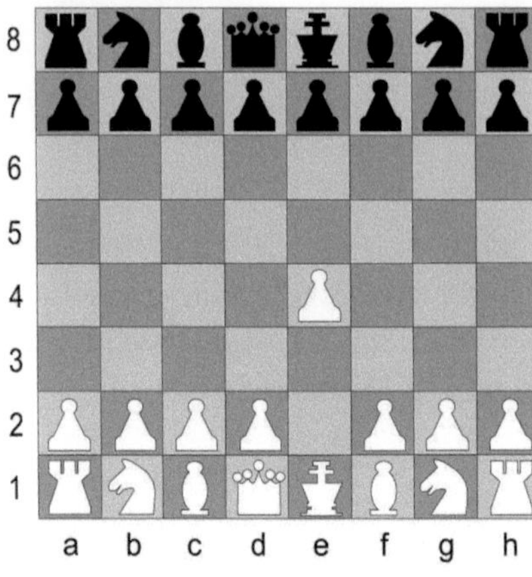

Das Läuferspiel ist eine zuverlässige Eröffnung. Der entwickelte weiße Läufer auf c4 greift das schwache Feld f7 an, und kann dann entscheiden, ob er eine ruhigere oder schärfere Variante spielen möchte.

1. e2 - e4

Weiß zieht mit dem Königsbauer und besetzt das Zentrum. Damit hat er dem Läufer und der Dame die Möglichkeit gegeben, sich zu entwickeln. Das Feld c4 ist jetzt für den Läufer erreichbar.

Mit diesem Zug versucht man schnell die Figuren zu entwickeln und die Rochade vorzubereiten.

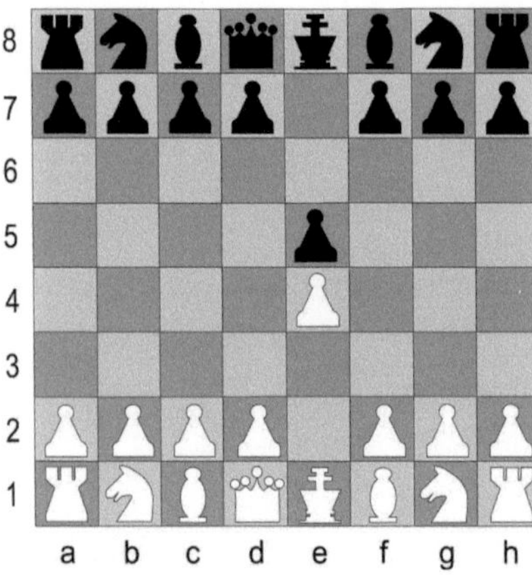

e7 - e5

Schwarz hat das Gleiche gemacht wie Weiß. Damit hat er dem Läufer und der Dame die Möglichkeit gegeben, sich zu entwickeln. Der Läufer kann jetzt das Feld c5 erreichen.

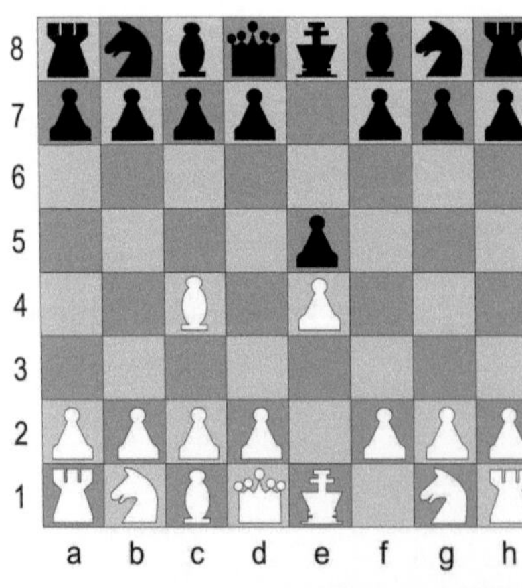

2. Lf1 - c4

Der Läufer wurde entwickelt (auf seinem natürlichen Entwicklungsfeld c4).

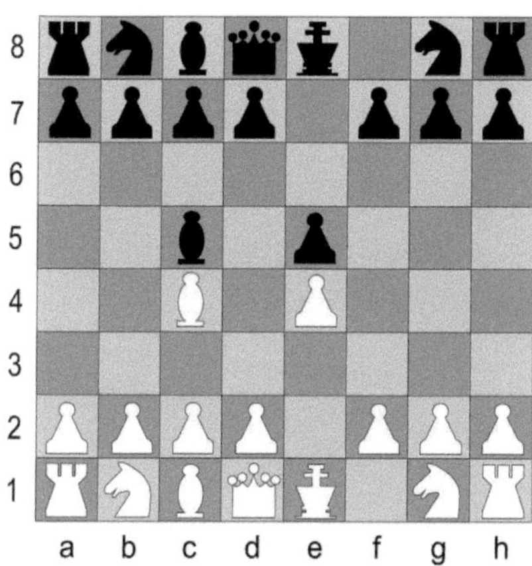

Lf8 - c5
Der Läufer wurde entwickelt (auf seinem natürlichen Entwicklungsfeld c5).
Mit diesen Zügen greifen beide jeweils den schwächsten Punkt des Gegners an, bei Weiß f2 und bei Schwarz f7.

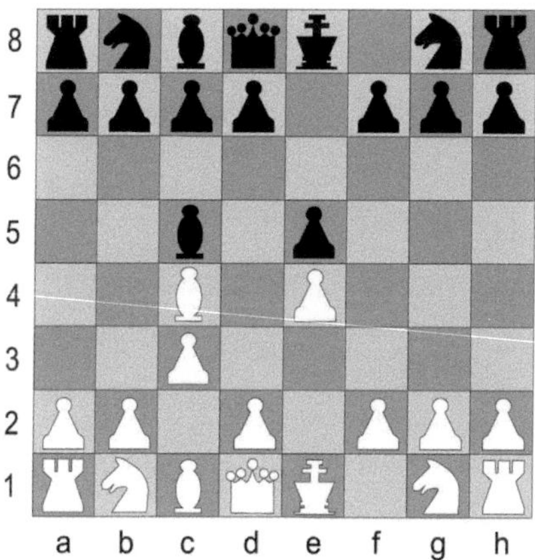

3. c2 - c3
Unterstützung des Zentrums und Angriff auf das Feld d4.

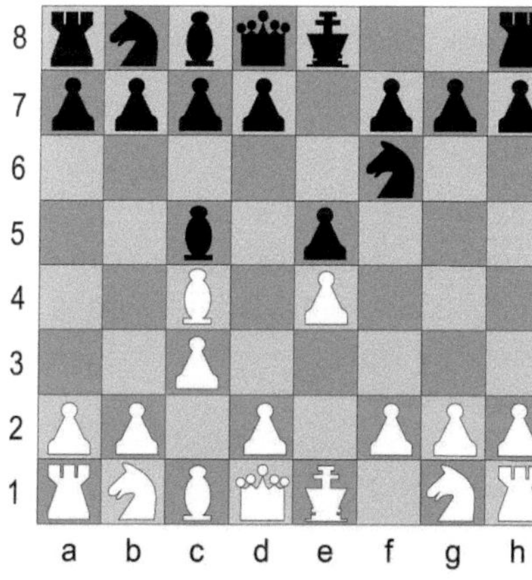

Sg8 - f6
Schwarz entwickelt seinen Springer (auf seinem natürlichen Entwicklungsfeld f6), bereitet die Rochade vor und bedroht den Bauer auf e4 und Feld d5.

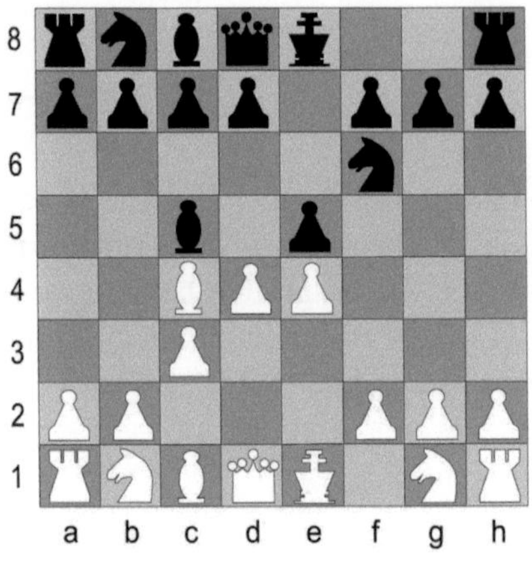

4. d2 - d4
Damit greift er den Läufer auf c5 und
den Bauer auf e5 an.

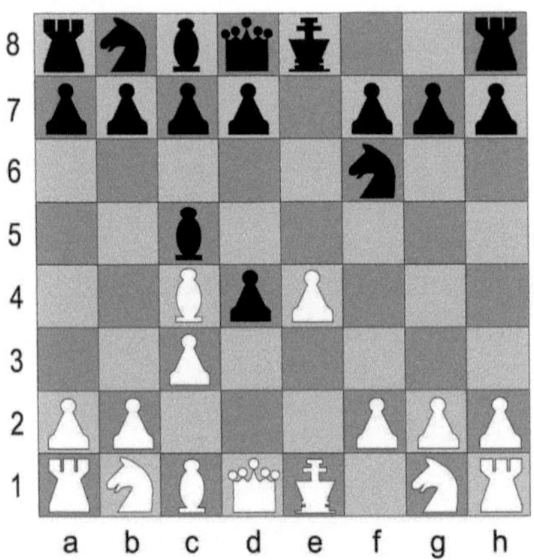

e5 x d4
Der Bauer auf d4 wurde geschlagen.

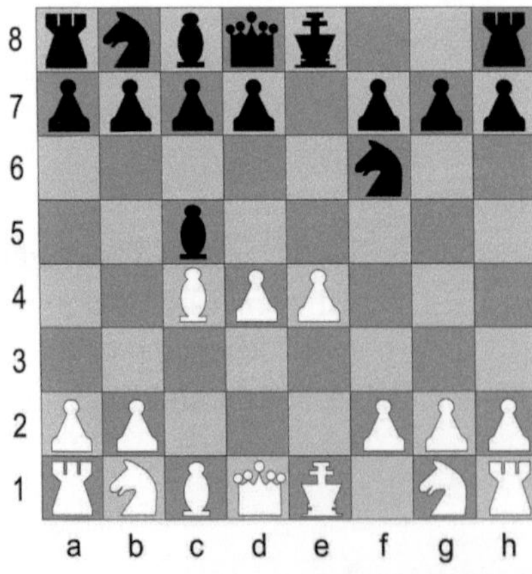

5. c3 x d4
Der Bauer auf d4 wurde geschlagen und
der Läufer auf c5 ist wieder bedroht.
Abtausch der Bauern.

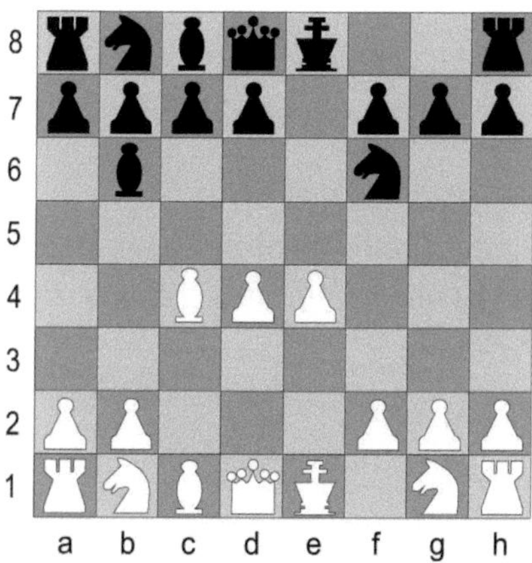

Lc5 - b6
Der Läufer zieht sich zurück. Damit hat Weiß ein Bauernzentrum errichtet.

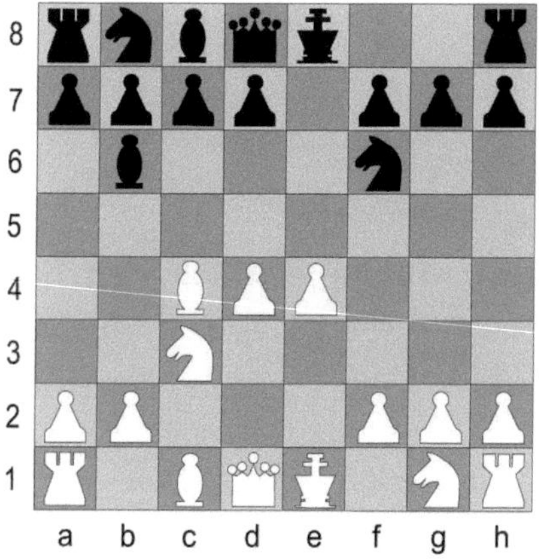

6. Sb1 - c3
Weiß entwickelt seinen Springer (auf seinem natürlichen Entwicklungsfeld c3) und schützt seinen Bauer auf e4.

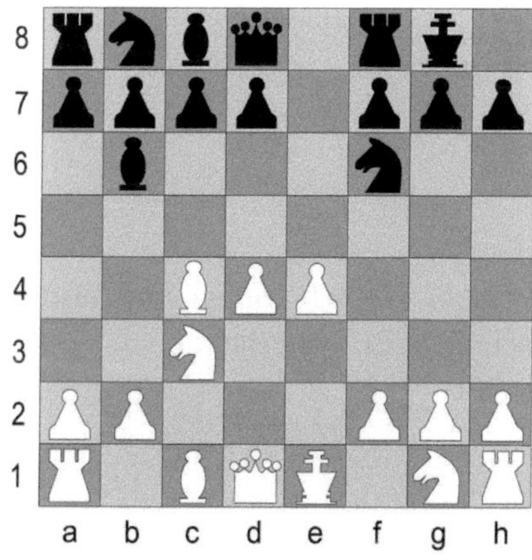

0 - 0
Schwarz macht die Rochade und bringt den König in Sicherheit.

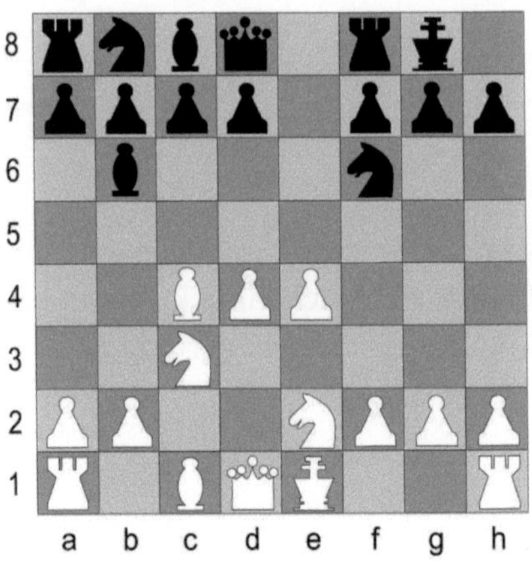

7. Sg1 - e2
Weiß entwickelt seinen Springer, bereitet die Rochade vor und schützt den Bauer auf d4.

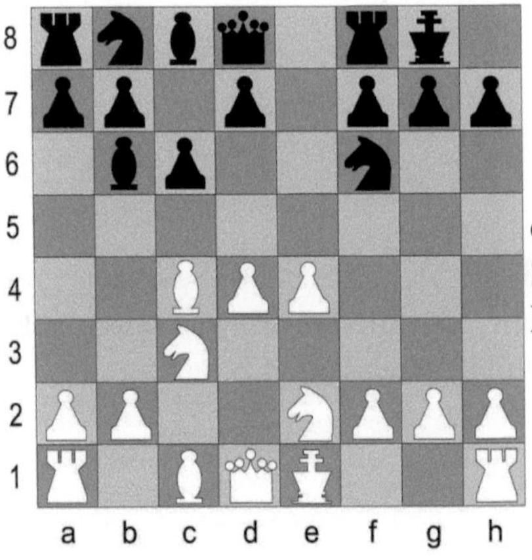

c7 - c6
Schwarz will im nächsten Zug den Läufer auf c4 angreifen.

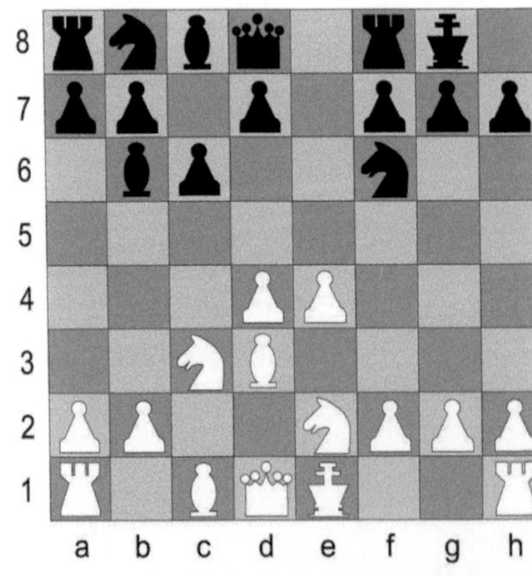

8. Lc4 - d3
Weiß hat es mitbekommen und bringt seinen Läufer in Sicherheit.

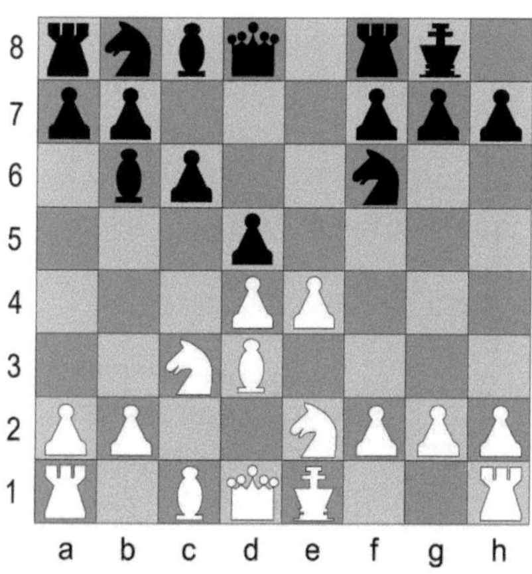

d7 - d5
Schwarz zieht mit dem Damenbauer und besetzt das Zentrum. Damit hat er dem Läufer die Möglichkeit gegeben, sich zu entwickeln und greift den Bauer auf e4 an.

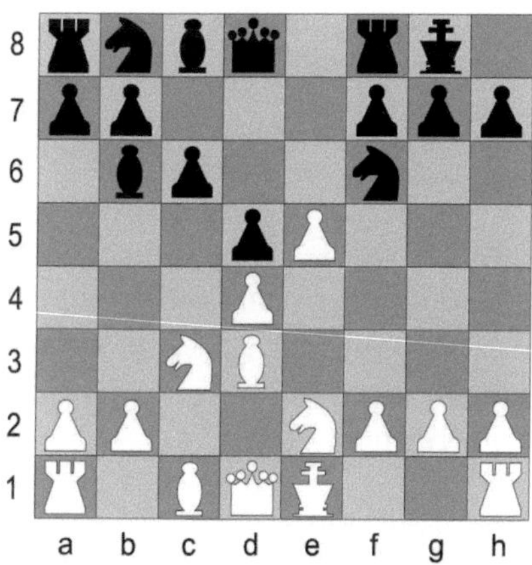

9. e4 - e5
Weiß greift den Springer auf f6 an.

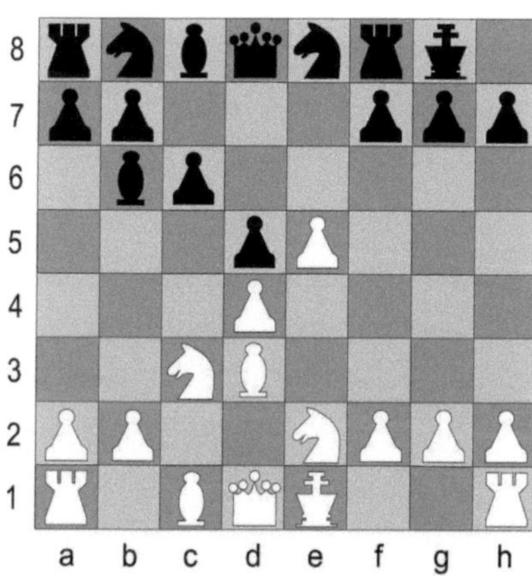

Sf6 - e8
Schwarz zieht sich zurück.

Vierspringerspiel

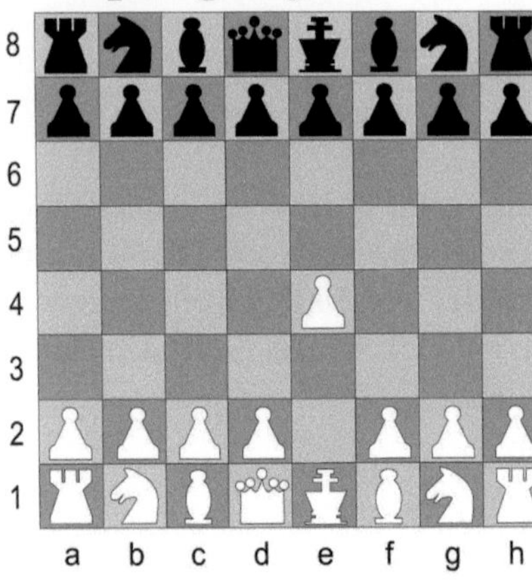

Eine gute Eröffnung, da Schwarz seine Figuren zunächst symmetrisch zu Weiß entwickelt. Beide entwickeln schnell ihre Figuren. Weiß könnte aber schnell zum Sieg kommen, wenn Schwarz zu lange die Züge nachzieht.

1. e2 - e4

Weiß zieht mit dem Königsbauer und besetzt das Zentrum. Damit hat er dem Läufer und der Dame die Möglichkeit gegeben, sich zu entwickeln. Das Feld c4 ist jetzt für den Läufer erreichbar.

Mit diesem Zug versucht man schnell die Figuren zu entwickeln und die Rochade vorzubereiten.

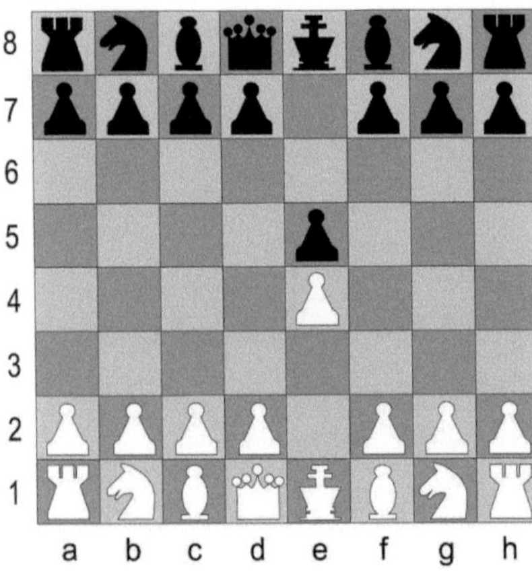

e7 - e5

Schwarz hat das Gleiche gemacht wie Weiß. Damit hat er dem Läufer und der Dame die Möglichkeit gegeben, sich zu entwickeln. Der Läufer kann jetzt das Feld c5 erreichen.

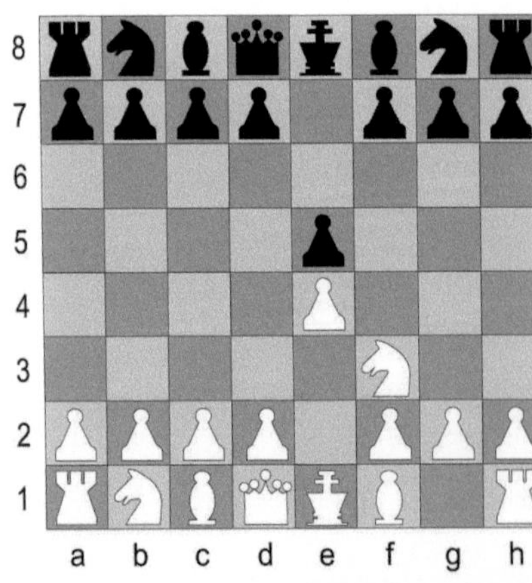

2. Sg1 - f3

Weiß entwickelt seinen Springer, greift das Feld d4 an, droht dem Bauer auf Feld e5 und beherrscht das Zentrum auf seinem natürlichen Entwicklungsfeld.

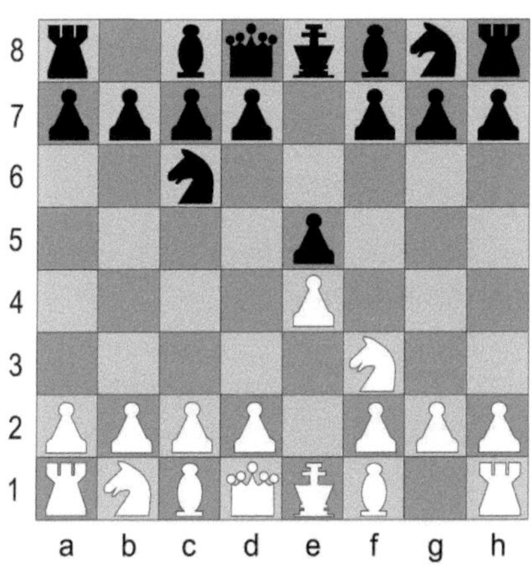

Sb8 - c6
Schwarz reagiert, schützt seinen Bauer, greift das Feld d4 an und entwickelt seinen Springer auf seinem natürlichen Entwicklungsfeld.

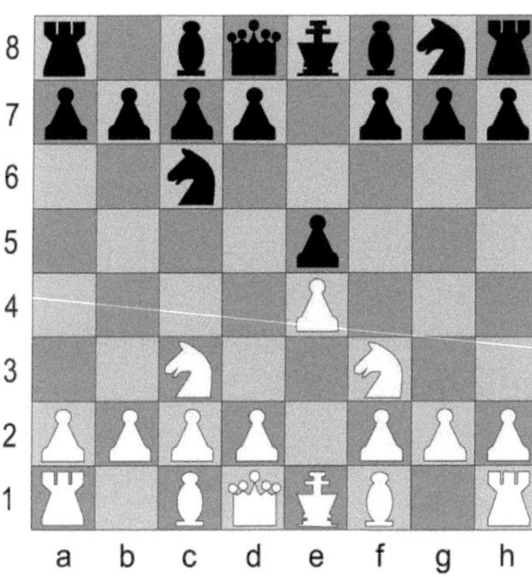

3. Sb1 - c3
Weiß entwickelt seinen Springer auf seinem natürlichen Entwicklungsfeld c3. Damit deckt er den Bauer auf dem Feld e4 und greift das Feld d5 an.

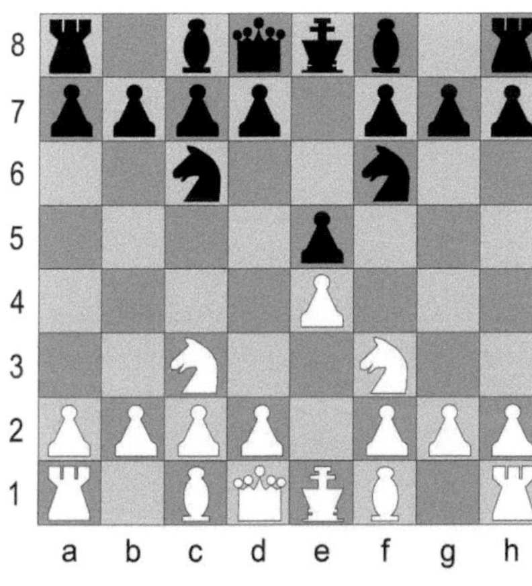

Sg8 - f6
Auch Schwarz entwickelt seinen Springer auf seinem natürlichen Entwicklungsfeld f6. Nun greift er den Bauer auf dem Feld e4 und das Feld d5 an. Dies wäre für den weißen Springer auf c3 ein gutes Feld gewesen.

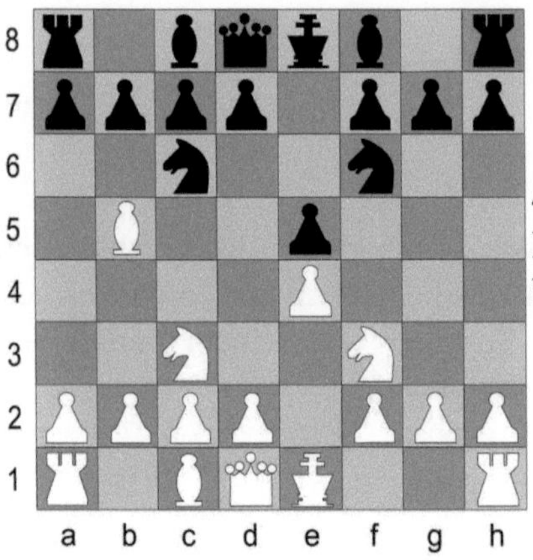

4. Lf1 - b5
Läufer bedroht Springer auf c6 und
bereitet die Rochade vor.

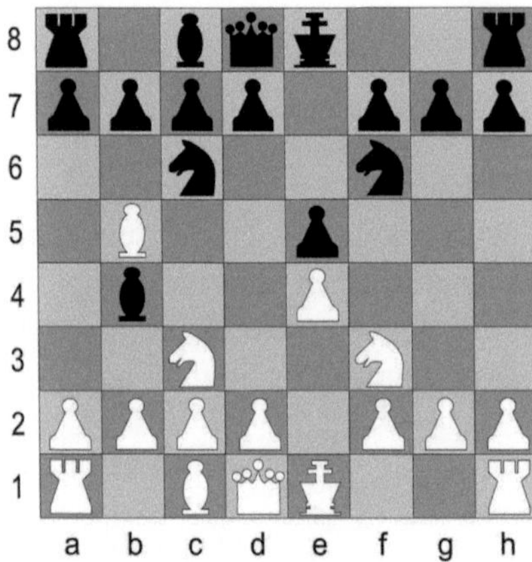

Lf8 - b4
Läufer bedroht Springer auf c3 und
bereitet die Rochade vor.
Weiß und Schwarz haben schnell ihre
Leichtfiguren entwickelt.

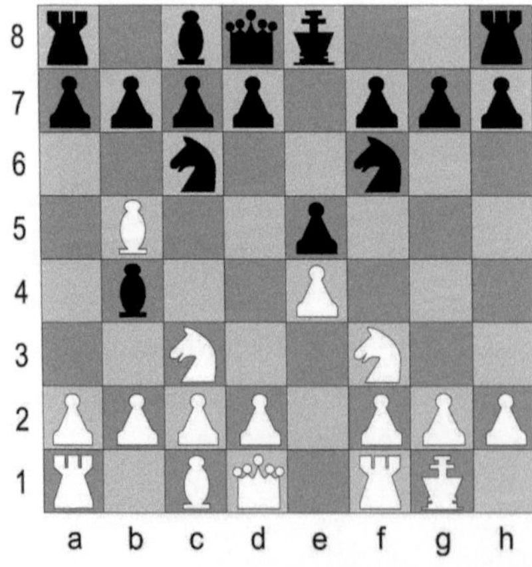

5. 0 - 0
Weiß macht die Rochade und bringt den
König in Sicherheit.

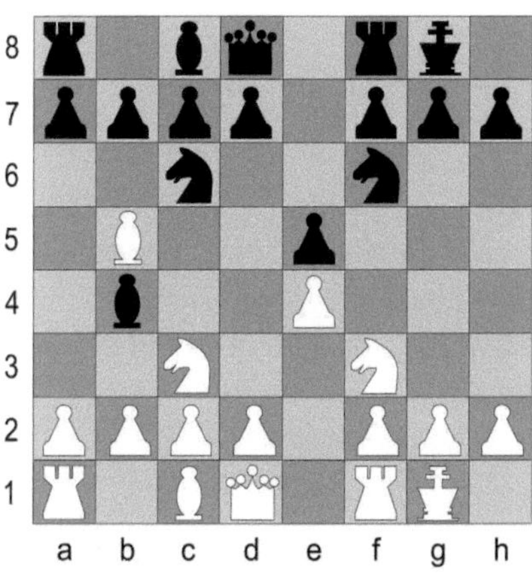

0 - 0

Schwarz macht die Rochade und bringt den König in Sicherheit.

Schwarz hat bisher die gleichen Züge gemacht wie Weiß. Länger sollte Schwarz die Züge nicht nachmachen, da Weiß dann bessere Züge machen kann und Schwarz eventuell nicht mehr reagieren kann.

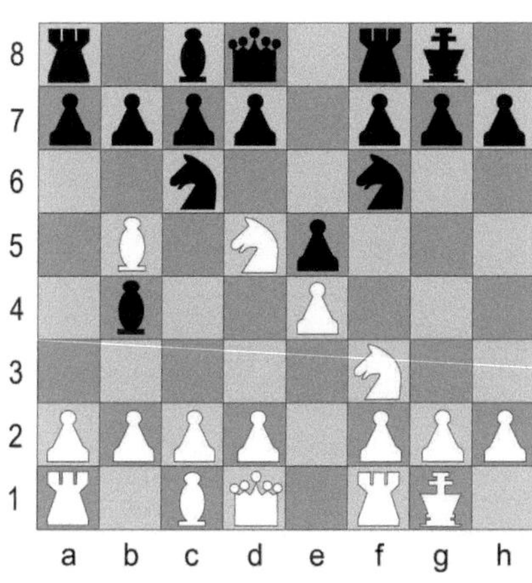

6. Sc3 - d5

Weiß bedroht Springer auf f6 und Läufer auf b4, besetzt das Zentrum.

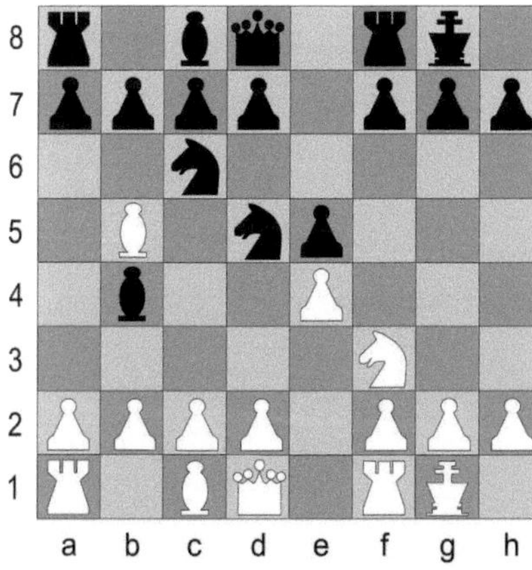

Sf6 x d5

Weißer Springer wird geschlagen und schwarzer Springer besetzt das Zentrum.

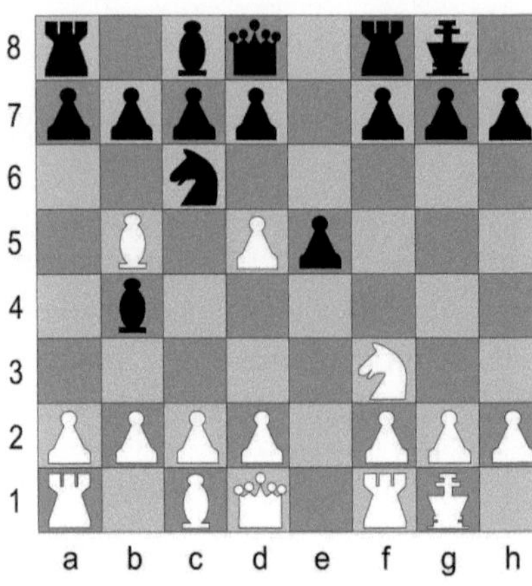

7. e4 x d5
Schwarzer Springer wird geschlagen.
Also Abtausch.
Der schwarze Springer auf Feld c6 wird
bedroht.

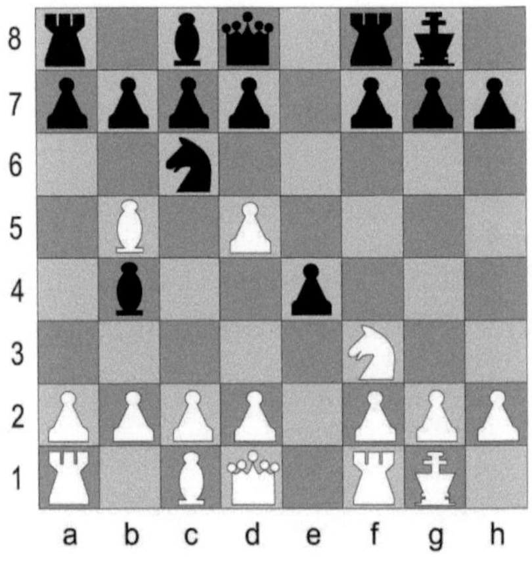

e5 - e4
Springer auf f3 wird bedroht.

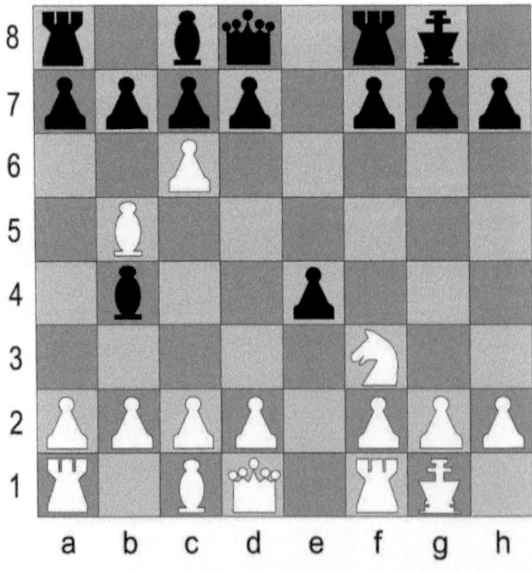

8. d5 x c6
Schwarzer Springer wird geschlagen.

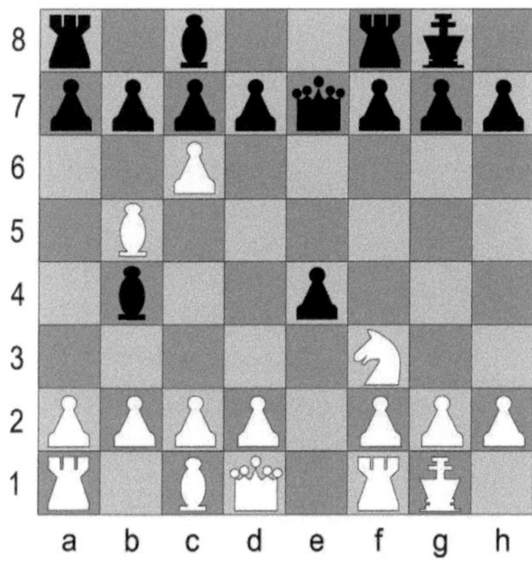

Dd8 - e7

Schwarz entwickelt seine Dame und besetzt die e-Linie.

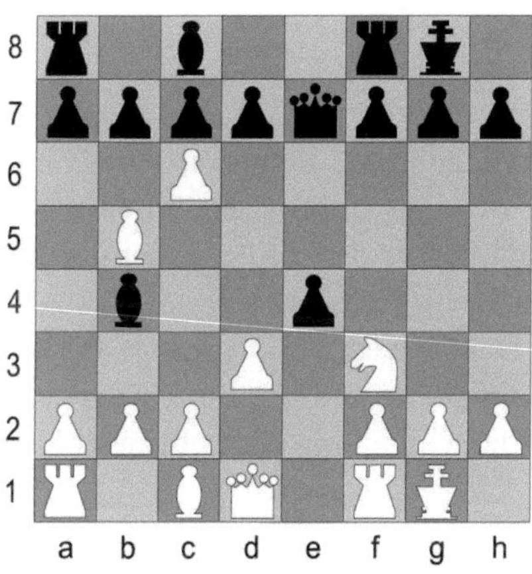

9. d2 - d3

Unterstützung des Zentrums. Damit hat er dem Läufer die Möglichkeit gegeben, sich zu entwickeln.

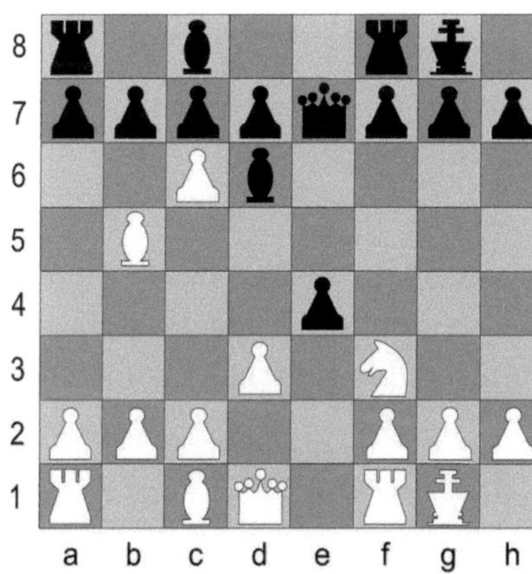

Lb4 - d6

Läufer zieht sich zurück, um bei den nächsten Zügen die Dame zu unterstützen.

Halboffene Spiele: Sizilianische Verteidigung

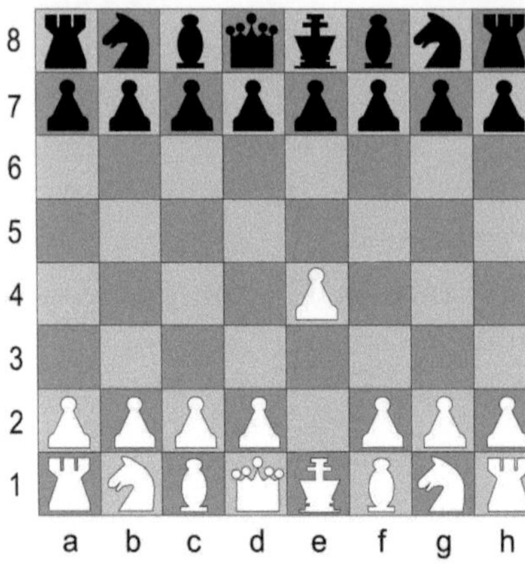

Die Sizilianische Verteidigung zählt zu den beliebtesten Eröffnungen. Schwarz schlägt einen Zentrumsbauer von Weiß. Was meist zu einem Angriffsspiel führt.

1. e2 - e4

Weiß zieht mit dem Königsbauer und besetzt das Zentrum. Damit hat er dem Läufer und der Dame die Möglichkeit gegeben, sich zu entwickeln. Das Feld c4 ist jetzt für den Läufer erreichbar. Mit diesem Zug versucht man schnell die Figuren zu entwickeln und die Rochade vorzubereiten.

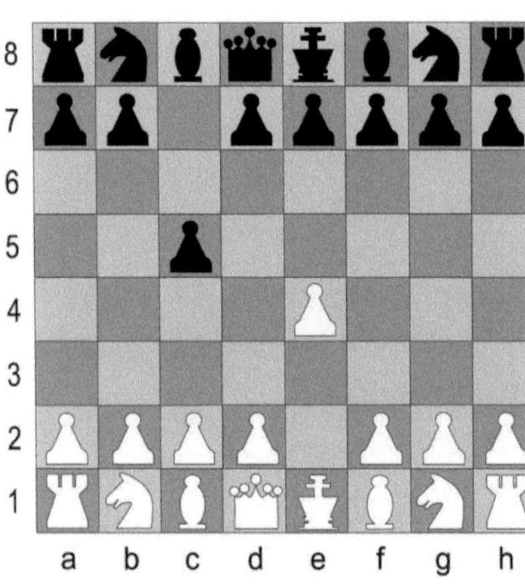

c7 - c5

Unterstützung des Zentrums. Die Dame kann sich entwickeln. Kampf um das Feld d4. Sollte der weiße Bauer dorthin ziehen, wird Schwarz ihn sofort schlagen. Damit würde die c-Linie für die Schwerfiguren von Schwarz offen sein. Aber der Zug hat nicht zur Entwicklung eines Läufers beigetragen.

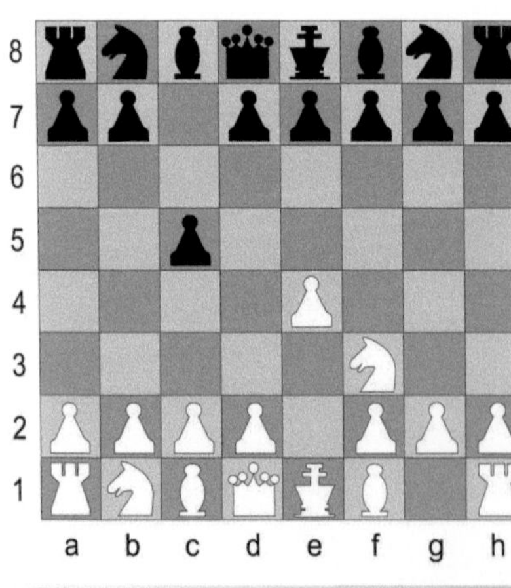

2. Sg1 - f3

Weiß entwickelt seinen Springer, greift das Feld e5 und d4 an. Beherrscht das Zentrum auf seinem natürlichen Entwicklungsfeld.

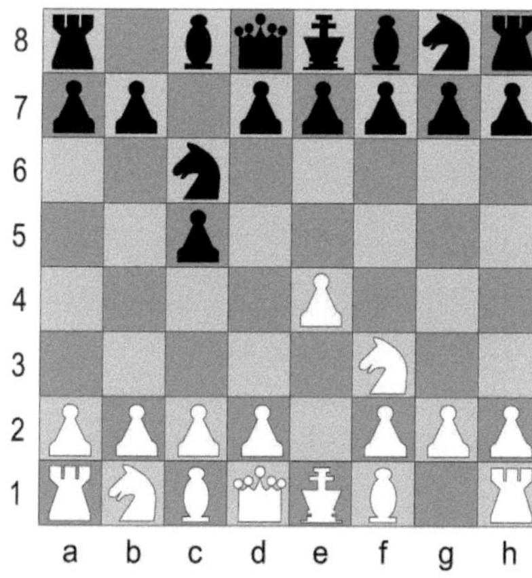

Sb8 - c6

Schwarz macht das Gleiche, greift das Feld d4 und e5 an. Entwickelt seinen Springer auf seinem natürlichen Entwicklungsfeld. Man nimmt also gleich den Zentrumskampf an.

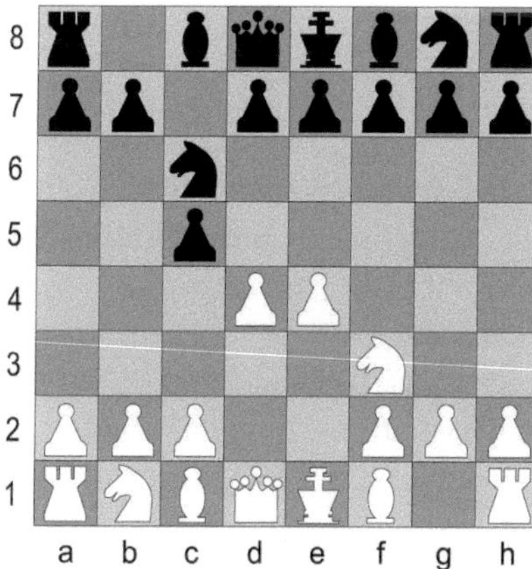

3. d2 - d4

Bauer besetzt das Zentrum und greift Bauer auf c5 an. Bauer ist durch Springer f3 und Dame d1 gedeckt. Der Läufer c1 kann sich entwickeln.

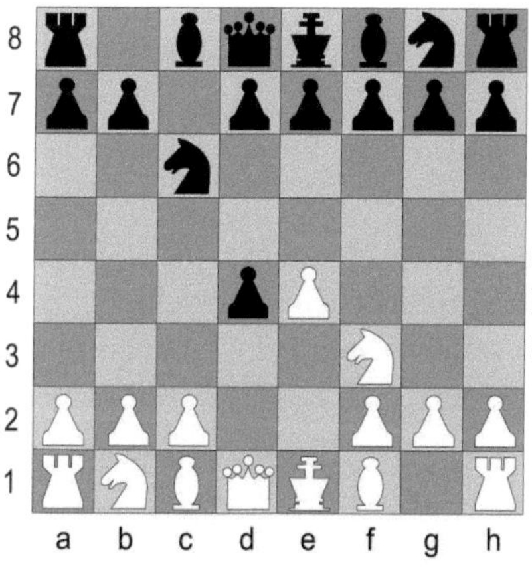

c5 x d4

Bauer wird geschlagen und ist durch Springer c6 gedeckt.

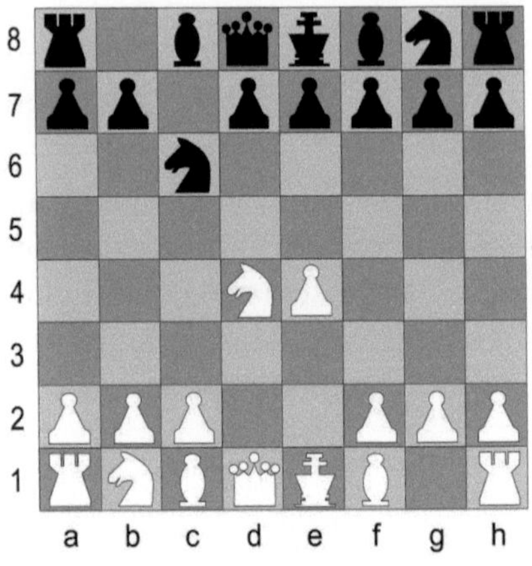

4. Sf3 x d4
Bauer wird geschlagen. Springer ist durch Dame d1 gedeckt.

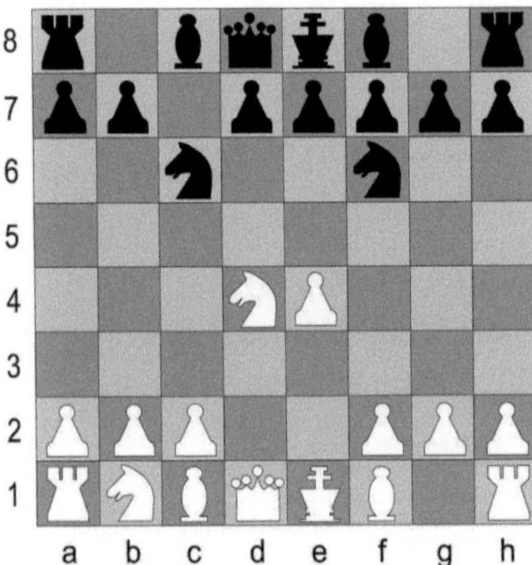

Sg8 - f6
Schwarz entwickelt seinen Springer auf seinem natürlichen Entwicklungsfeld und bedroht Bauer auf e4.
Man kann auch e7 - e5 ziehen um den Springer zu vertreiben. Zieht er auf b5, dann zieht man mit Bauer a7 - a6.

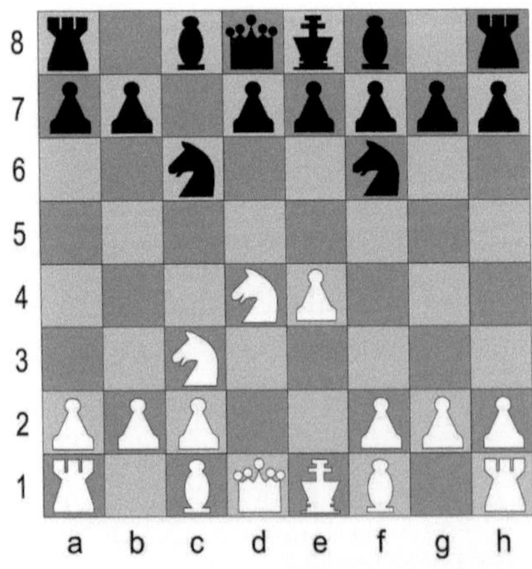

5. Sb1 - c3
Weiß entwickelt seinen Springer auf seinem natürlichen Entwicklungsfeld, deckt seinen Bauer auf e4 und greift das Feld d5 an.

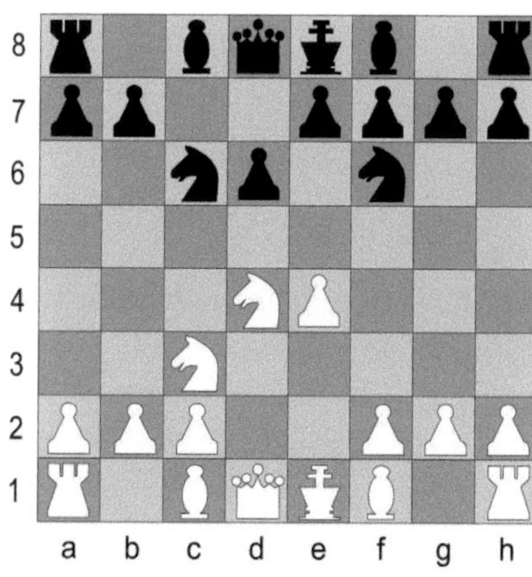

d7 - d6
Unterstützung des Zentrums. Damit hat er dem Läufer die Möglichkeit gegeben, sich zu entwickeln.

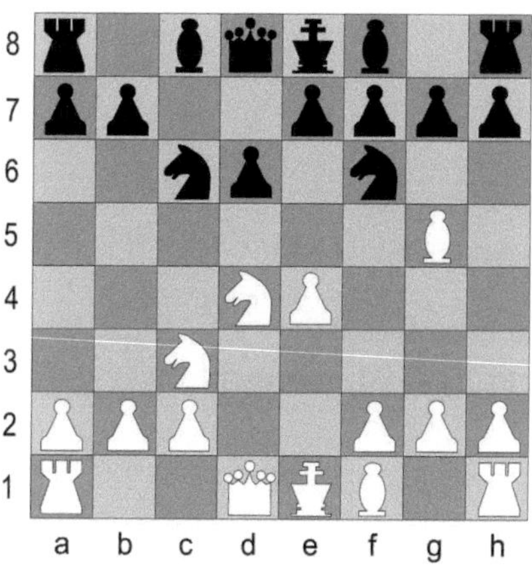

6. Lc1 - g5
Weiß entwickelt seinen Läufer und bedroht Springer auf f6.

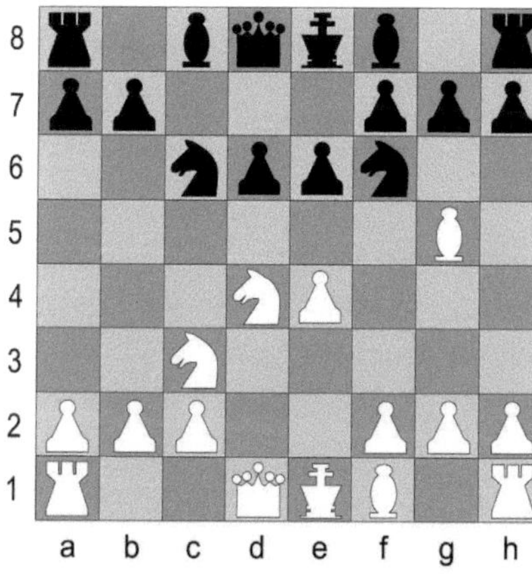

e7 - e6
Unterstützung des Zentrums.
Aber: Dadurch ist der schwarze Springer gefesselt, er kann nicht wegziehen, sonst wird die Dame geschlagen.

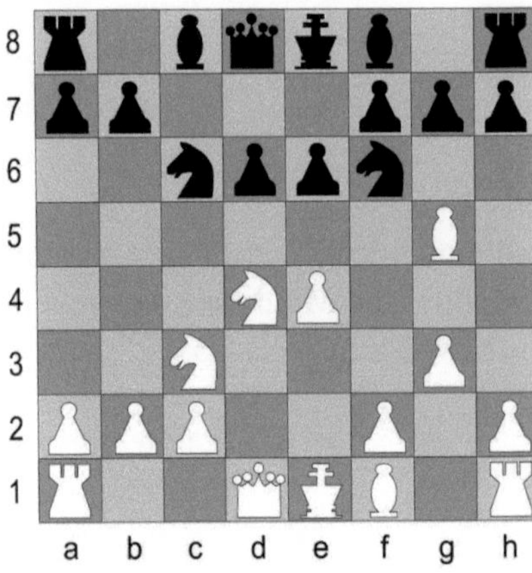

7. g2 - g3
Der Königsläufer kann sich auf dem Königsflügel entwickeln.

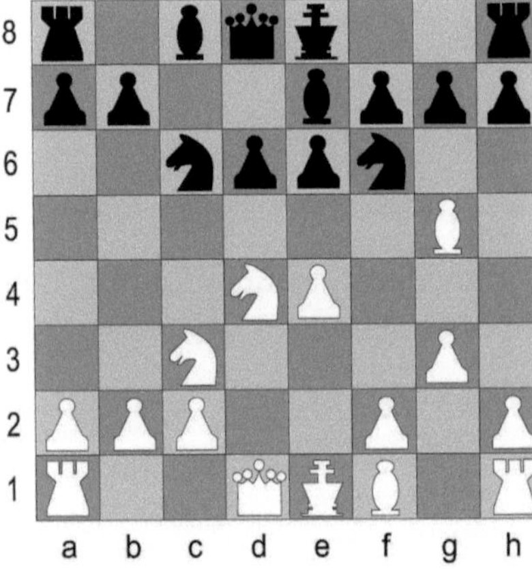

Lf8 - e7
Bereitet die Rochade vor.
Der Springer ist nun nicht mehr gefesselt.

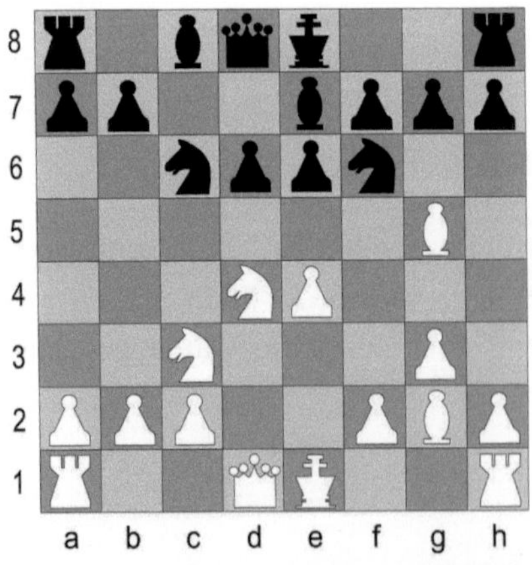

8. Lf1 - g2
Der Läufer entwickelt sich und bereitet dadurch die Rochade vor.

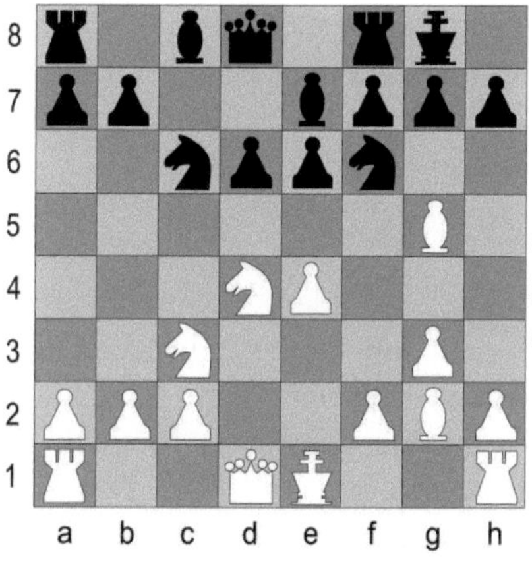

0 - 0

Schwarz macht die Rochade und bringt
den König in Sicherheit.

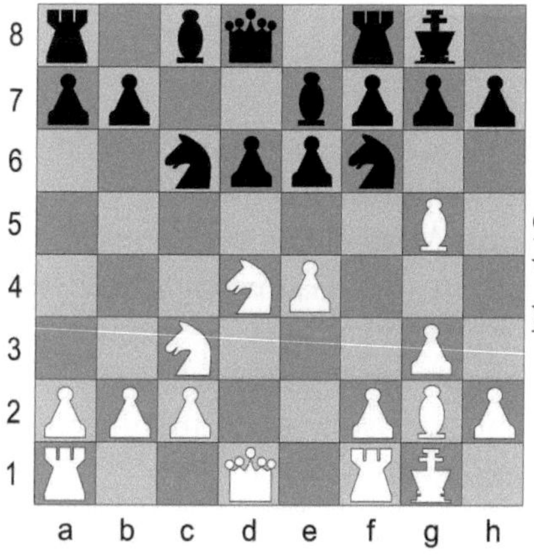

9. 0 - 0

Weiß macht die Rochade und bringt den
König in Sicherheit.

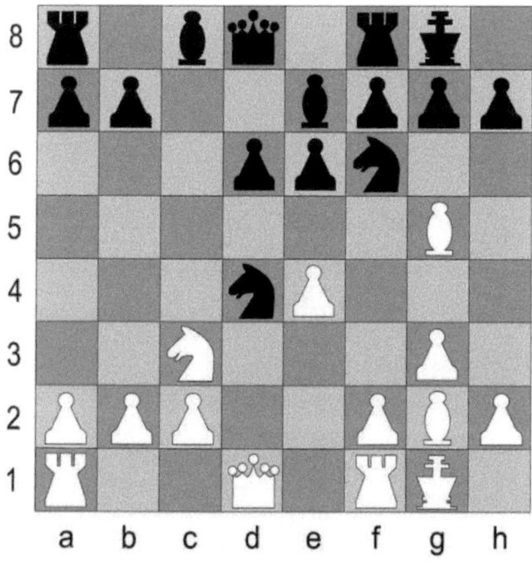

Sc6 x d4

Weißer Springer wird geschlagen.

Französische Verteidigung

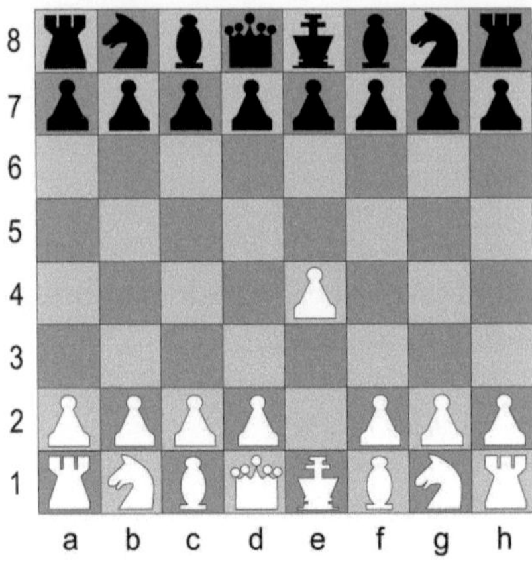

Die Eröffnung bietet beiden Spielern eine spannende Partie. Es kommt häufig zum Schlagen von Figuren. Angriffsmöglichkeiten für beide Seiten.

1. e2 - e4

Weiß zieht mit dem Königsbauer und besetzt das Zentrum. Damit hat er dem Läufer und der Dame die Möglichkeit gegeben, sich zu entwickeln. Das Feld c4 ist jetzt für den Läufer erreichbar.

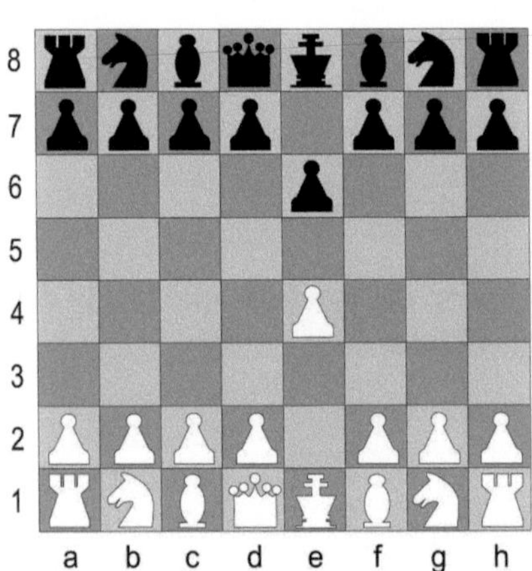

e7 - e6

Auch Schwarz zieht mit dem Königsbauer. Damit hat er dem Läufer und der Dame die Möglichkeit gegeben, sich zu entwickeln. Der Läufer kann jetzt das Feld c5 erreichen und er bereitet den Zug d5 vor, der dann das schwache Feld f7 schützen soll (Angriffsdiagonale weißer Läufer c4/f7).

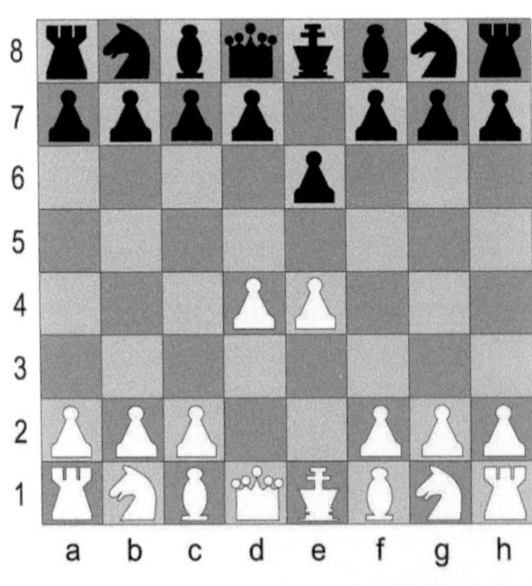

2. d2 - d4

Weiß zieht mit dem Damenbauer und besetzt das Zentrum. Damit hat er dem Läufer die Möglichkeit gegeben, sich zu entwickeln.

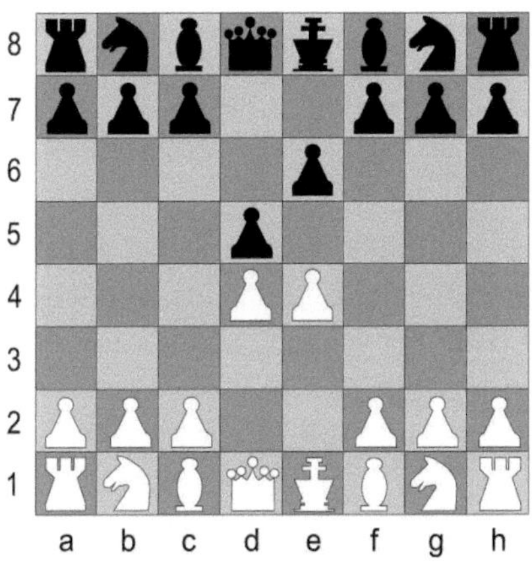

d7 - d5

Schwarz zieht mit dem Damenbauer und bedroht den Bauer auf e4, aber sein Läufer auf c8 kann sich nicht entwikkeln.

Sollte Weiß schlagen, macht Schwarz einen Abtausch und das Feld d5 ist immer noch in seinem Besitz.

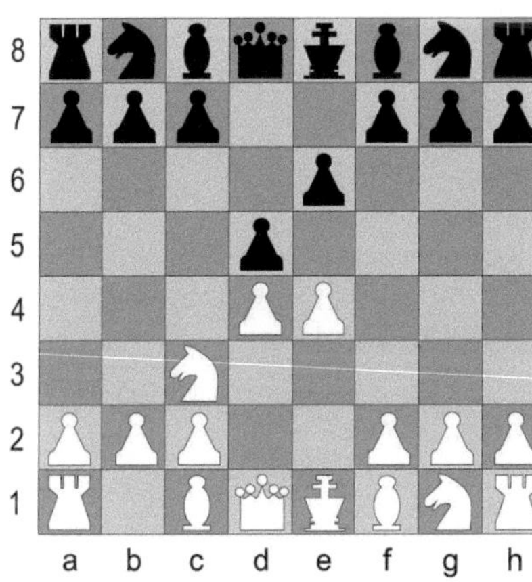

3. Sb1 - c3

Weiß entwickelt seinen Springer (auf seinem natürlichen Entwicklungsfeld) und deckt seinen Bauer auf e4.

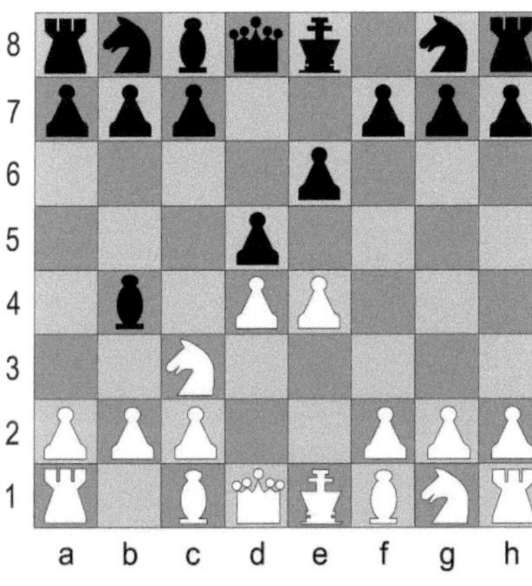

Lf8 - b4

Schwarz bedroht Springer auf c3 und fesselt ihn. Springer kann nicht wegziehen, sonst stünde der König im Schach. Auch kann er den Bauer auf Feld e4 nicht mehr decken. Er zwingt den weißen e-Bauer vorzuziehen.

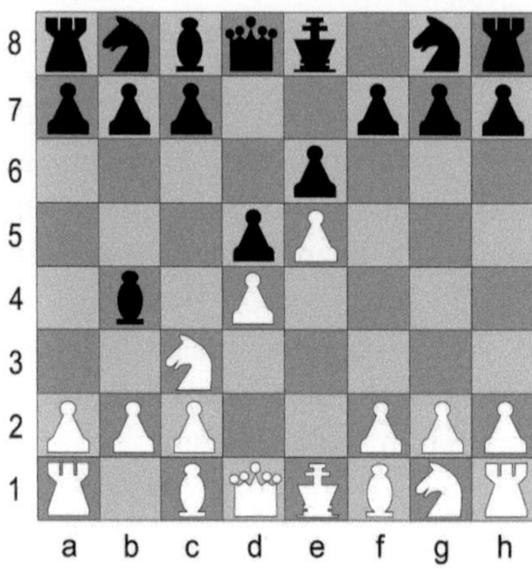

4. e4 - e5
Bauer behindert gegnerische Bauern beim Entwickeln. Er musste ziehen, sonst hätte der schwarze Bauer auf Feld d5 ihn geschlagen.

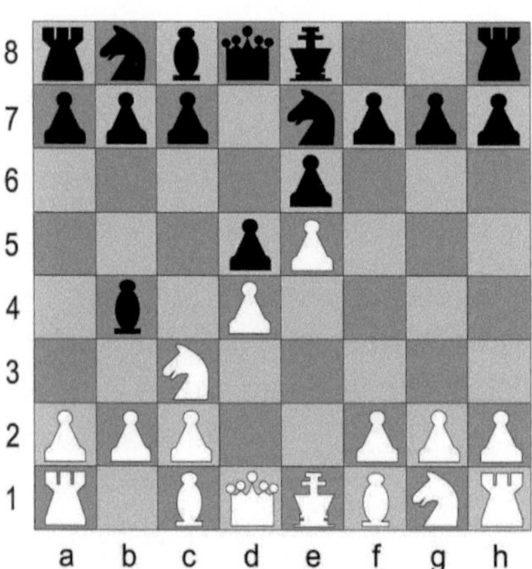

Sg8 - e7
Schwarz entwickelt seinen Springer und bereitet die Rochade vor.

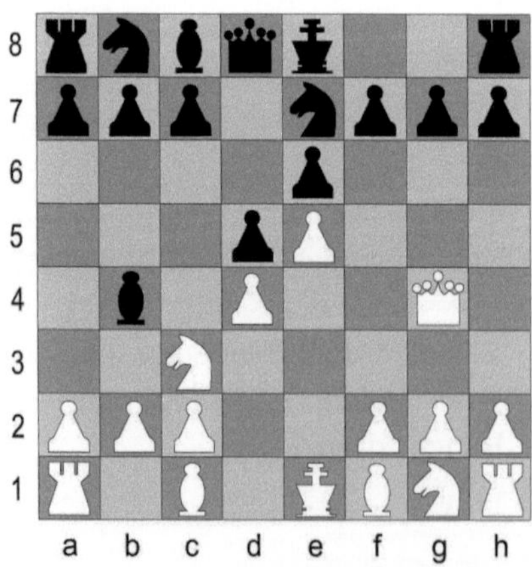

5. Dd1 - g4
Dame entwickelt sich und bedroht Bauer auf g7.

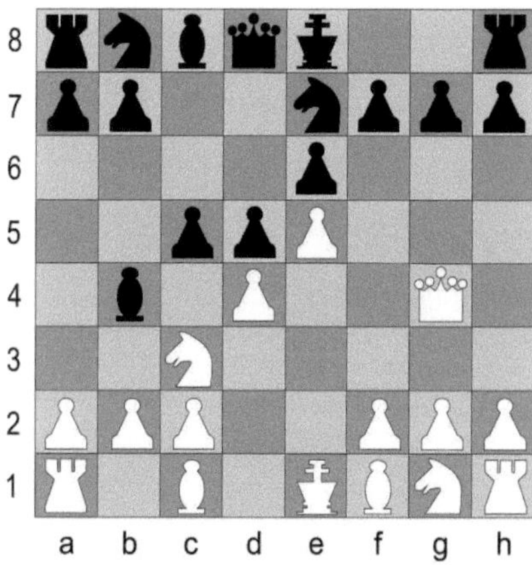

c7 - c5
Unterstützung des Zentrums und bedrohen des Bauern auf d4. Die Dame kann sich jetzt auf dem Damenflügel entwikkeln.

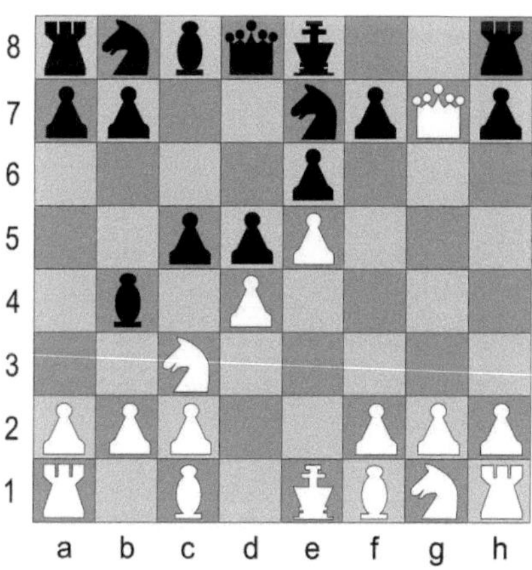

6. Dg4 x g7
Dame schlägt Bauer und bedroht Turm auf h8.

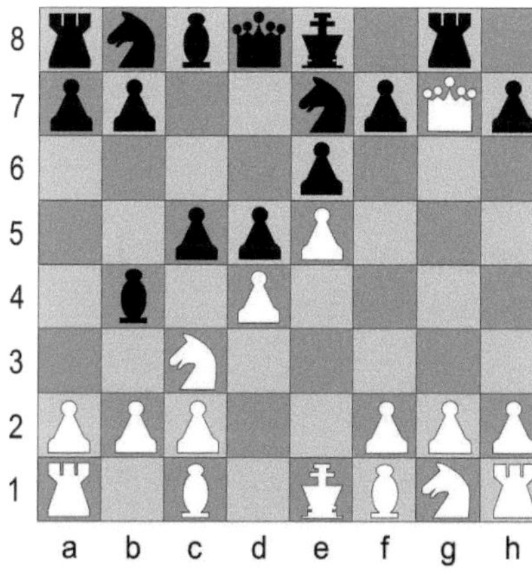

Th8 - g8
Turm bedroht Dame und ist durch Springer e7 gedeckt.

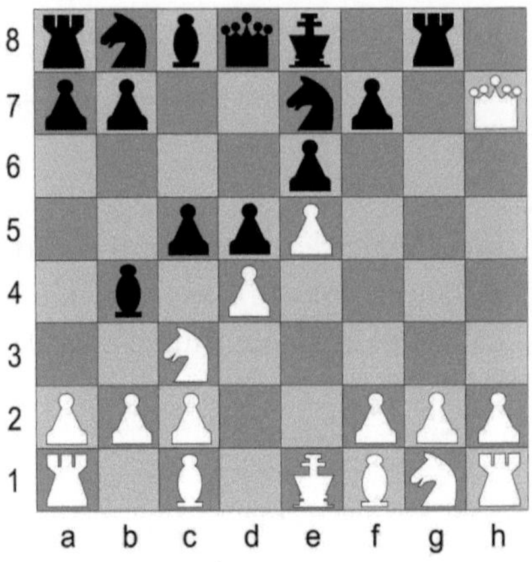

7. Dg7 x h7
Dame schlägt Bauer.

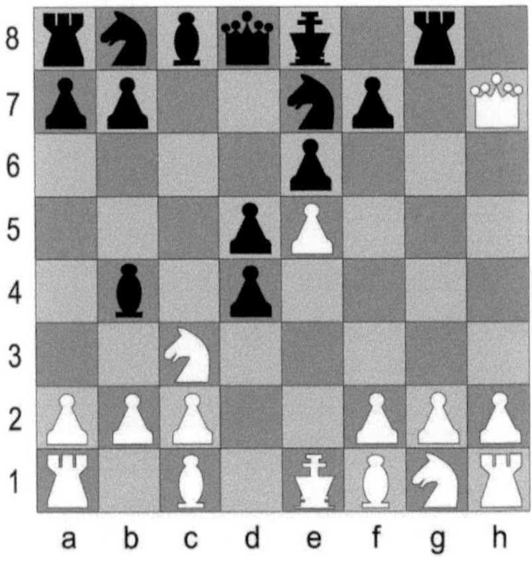

c5 x d4
Bauer schlägt Bauer und bedroht Springer auf c3.

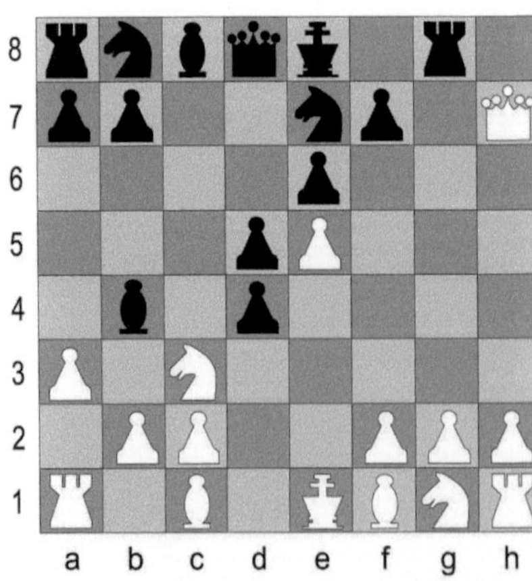

8. a2 - a3
Weiß bedroht nun Läufer auf b4 und möchte ihn vertreiben.

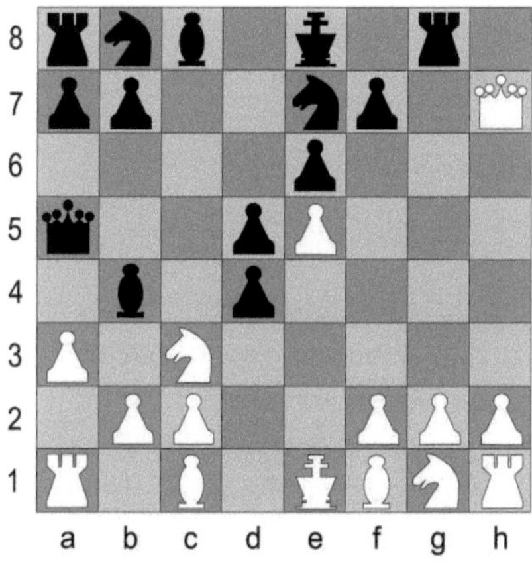

Dd8 - a5
Die schwarze Dame entwickelt sich und
deckt Läufer auf b4.

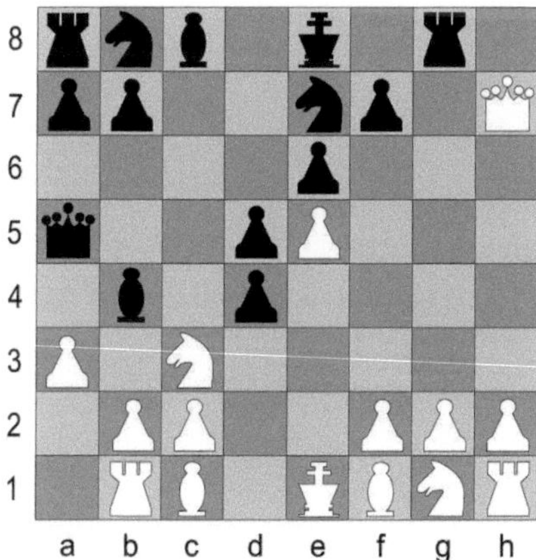

9. Ta1 - b1
Weiß bringt Turm in Sicherheit.
Warum in Sicherheit bringen?
Lb4 x Sc3+, b2 x Lc3, Da5 x c3+
Turm wäre dann verloren.

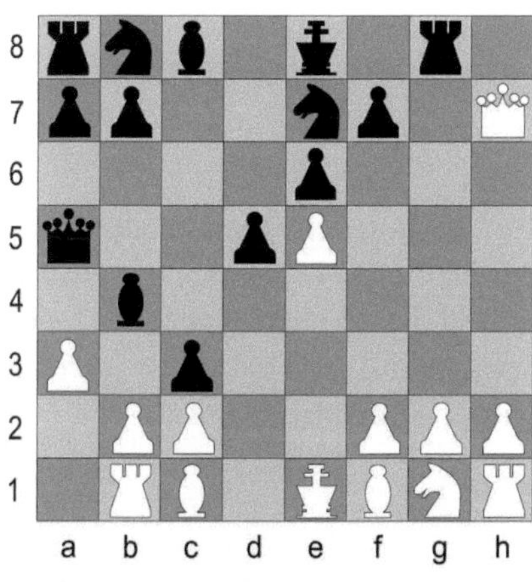

d4 x c3
Springer wird geschlagen.

Pirc-Ufimzew-Verteidigung

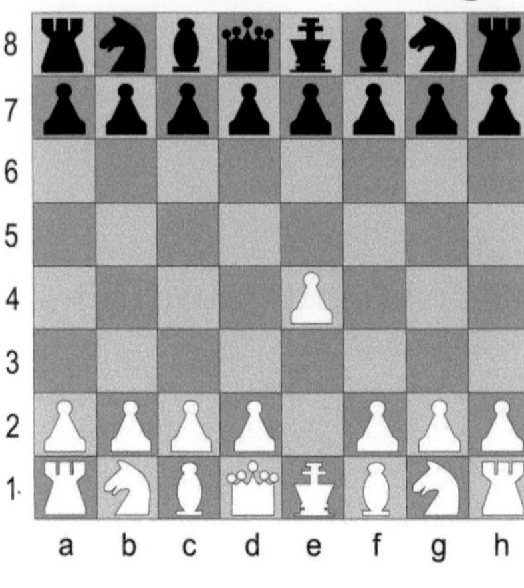

Weiß wird das Zentrum überlassen. Schwarz nimmt eine zurückhaltende Stellung ein. Die Schwerfiguren werden schnell ins Spiel gebracht.

1. e2 - e4

Weiß zieht mit dem Königsbauer und besetzt das Zentrum. Damit hat er dem Läufer und der Dame die Möglichkeit gegeben, sich zu entwickeln. Das Feld c4 ist jetzt für den Läufer erreichbar. Mit diesem Zug versucht man schnell die Figuren zu entwickeln und die Rochade vorzubereiten.

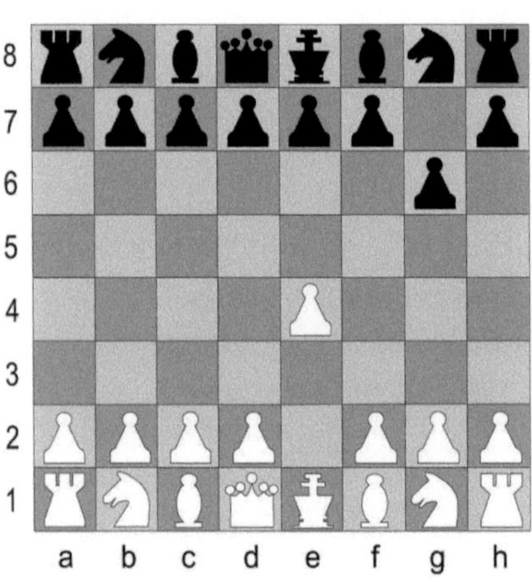

g7 - g6

Der Königsläufer kann sich auf dem Königsflügel entwickeln.

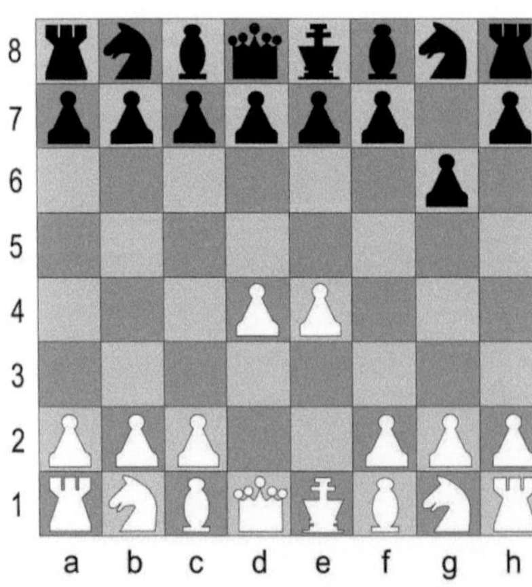

2. d2 - d4

Weiß zieht mit dem Damenbauer und besetzt das Zentrum. Damit hat er dem Läufer die Möglichkeit gegeben, sich zu entwickeln. Das Feld f4 ist jetzt für den Läufer erreichbar.

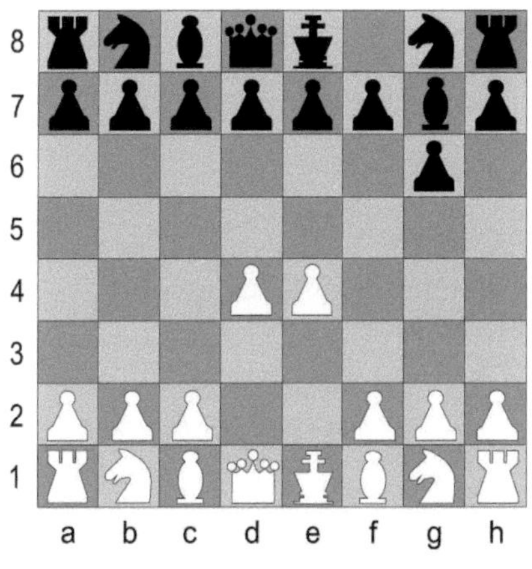

Lf8 - g7
Schwarz entwickelt seinen Läufer und
bedroht Bauer auf d4.

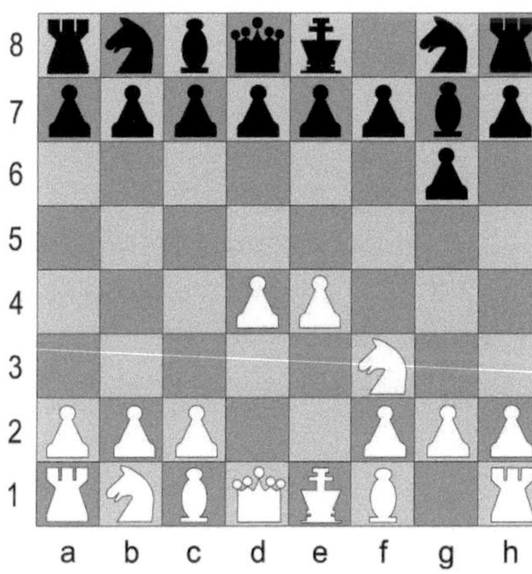

3. Sg1 - f3
Weiß entwickelt seinen Springer, greift
das Feld e5 an und beherrscht das
Zentrum auf seinem natürlichen
Entwicklungsfeld.

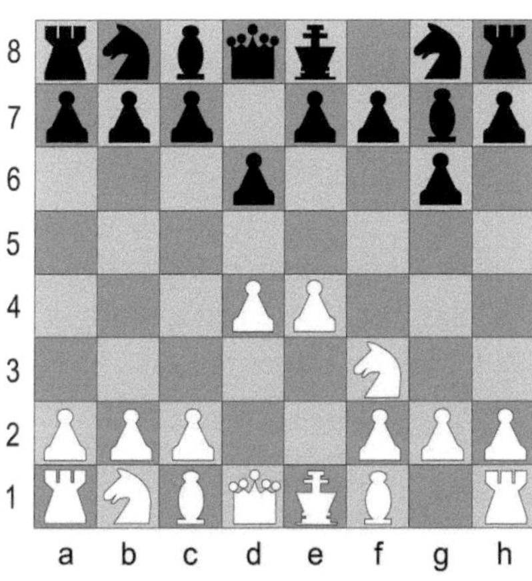

d7 - d6
Unterstützung zur Kontrolle des Zentrums. Damit hat er dem Läufer die
Möglichkeit gegeben, sich zu entwikkeln.

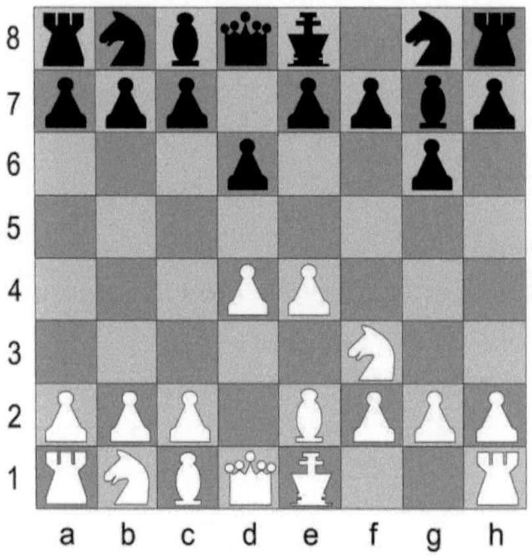

4. Lf1 - e2
Weiß bereitet die Rochade vor.

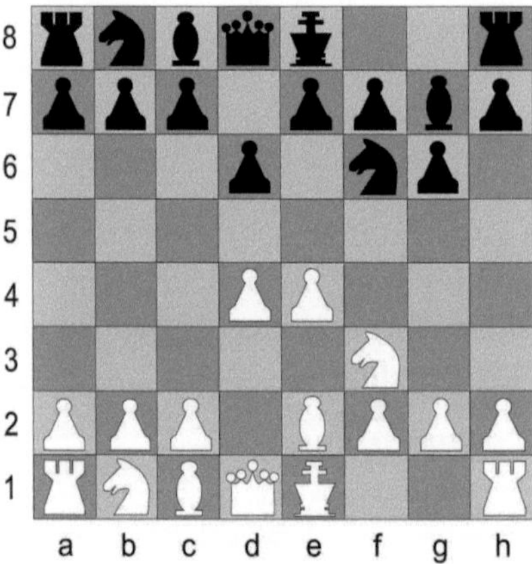

Sg8 - f6
Schwarz entwickelt seinen Springer auf seinem natürlichen Entwicklungsfeld und bedroht Bauer auf e4. Bereitet damit die Rochade vor.

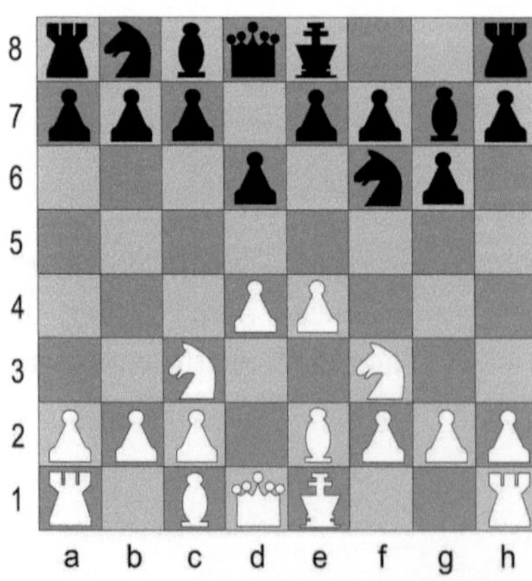

5. Sb1 - c3
Weiß entwickelt seinen Springer auf seinem natürlichen Entwicklungsfeld und deckt seinen Bauer auf e4.

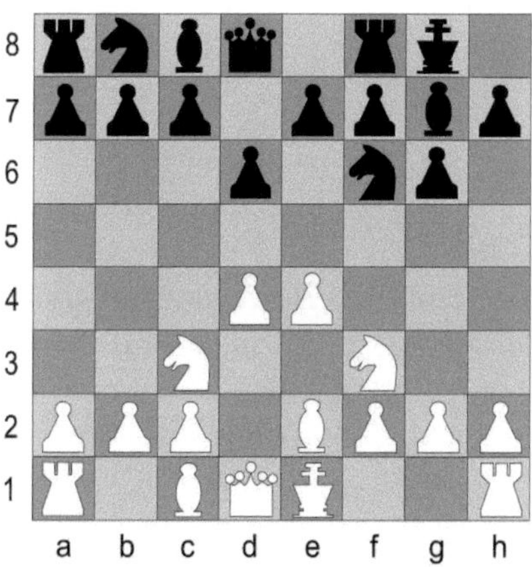

0 - 0
Schwarz macht die Rochade und bringt
den König in Sicherheit.

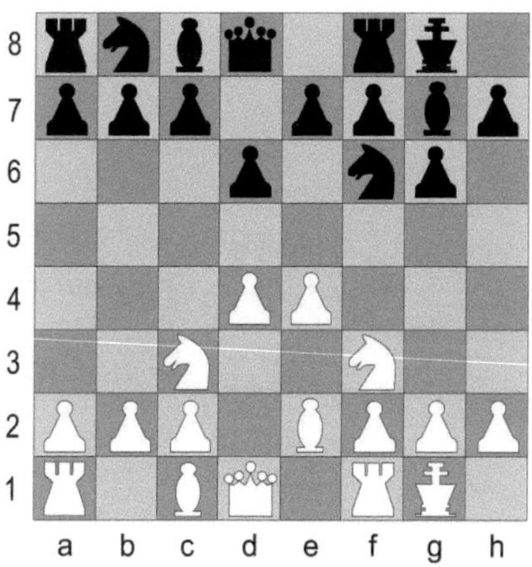

6. 0 - 0
Weiß macht die Rochade und bringt den
König in Sicherheit.

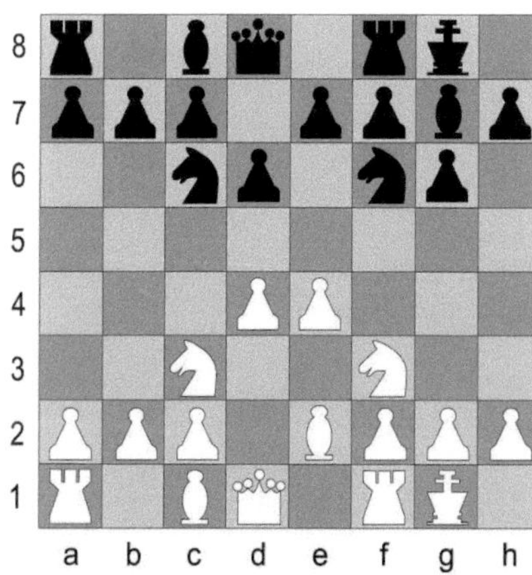

Sb8 - c6
Schwarz entwickelt seinen Springer auf
seinem natürlichen Entwicklungsfeld
und bedroht Bauer auf d4.

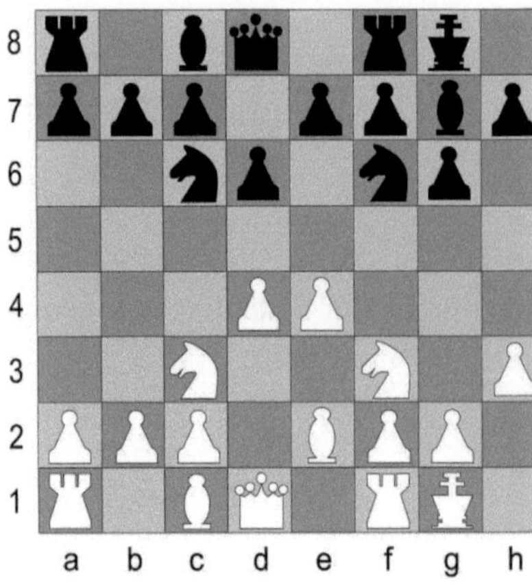

7. h2 - h3

Weiß schränkt die Bewegungsmöglichkeit des schwarzen Springers auf f6 und
vom Läufer auf c8 ein.

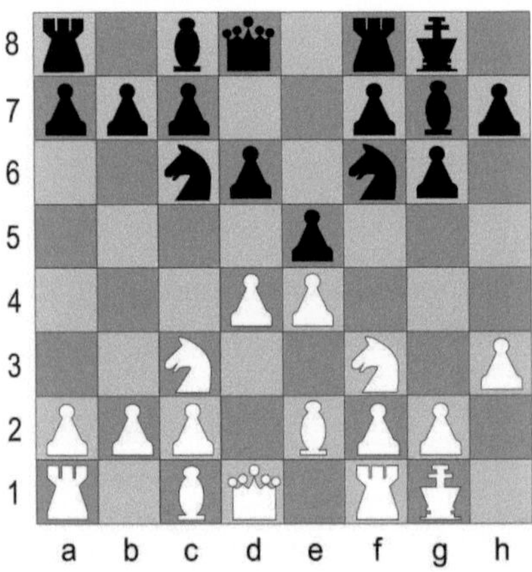

e7 - e5

Bauer zieht ins Zentrum und bedroht
Bauer auf d4.

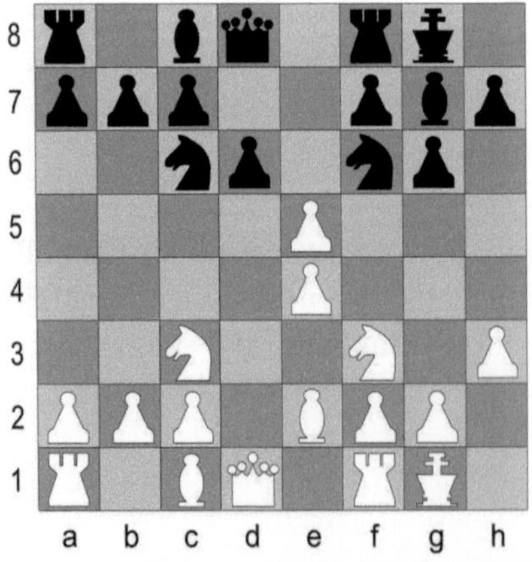

8. d4 x e5

Abtausch der Bauern.

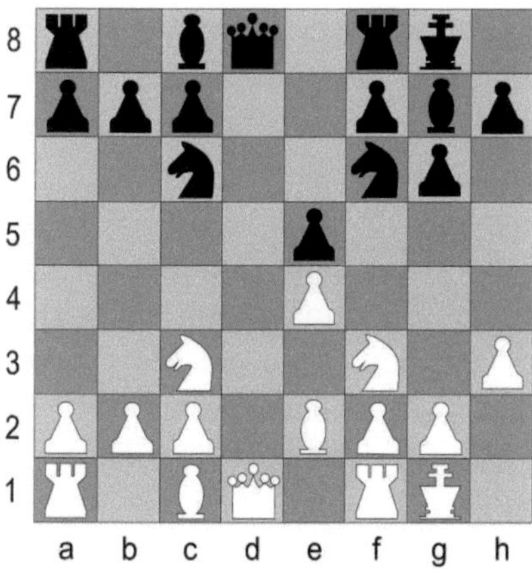

d6 x e5

Abtausch der Bauern.

Dadurch ist die d-Linie für beide Damen offen.

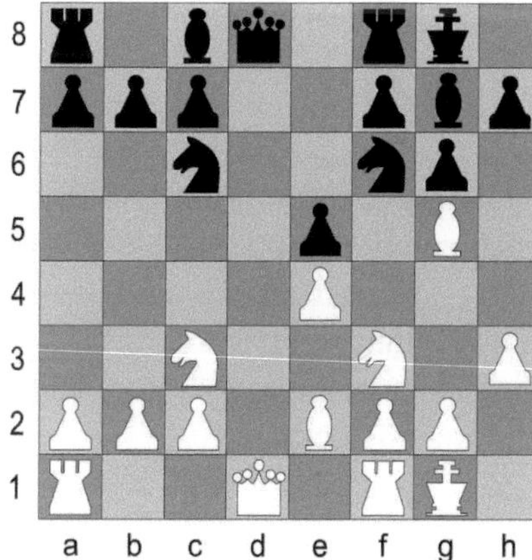

9. Lc1 - g5

Der Läufer entwickelt sich und fesselt den Springer auf f6. Kann nicht wegziehen wegen Dame auf d8.

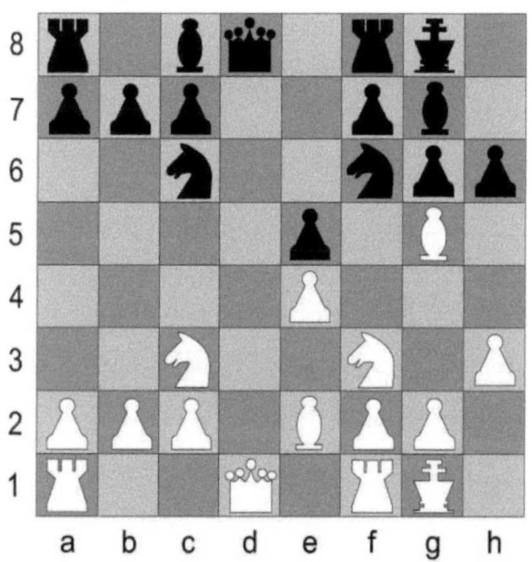

h7 - h6

Bauer bedroht Läufer auf g5 und möchte ihn vertreiben.

Caro-Kann-Verteidigung

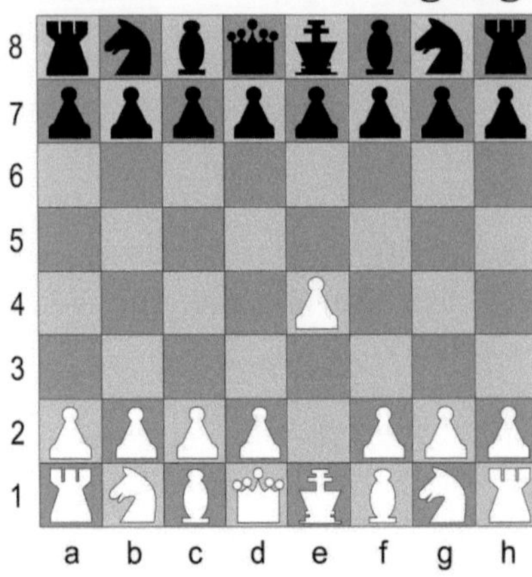

Diese Eröffnung verläuft ruhiger als die Französische Verteidigung. Angriffsmöglichkeiten gibt es für beide Seiten.

1. e2 - e4
Weiß zieht mit dem Königsbauer und besetzt das Zentrum. Damit hat er dem Läufer und der Dame die Möglichkeit gegeben, sich zu entwickeln. Das Feld c4 ist jetzt für den Läufer erreichbar.

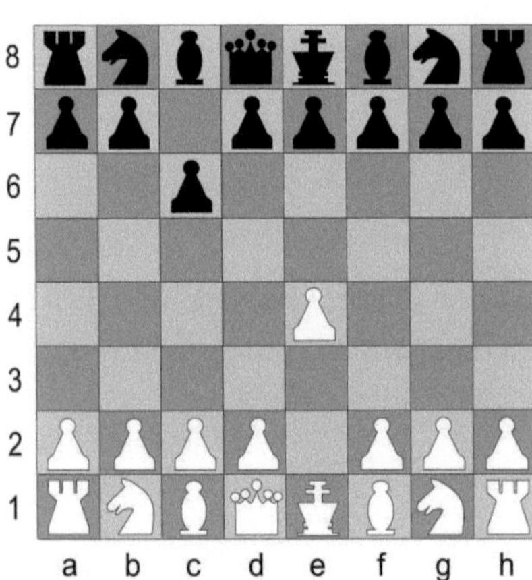

c7 - c6
Unterstützung des Zentrums. Die Dame kann sich entwickeln.
Aber dem Springer auf Feld b1 wurde sein Entwicklungsfeld genommen.
Der Zug hat nicht zur Entwicklung eines Läufers beigetragen.

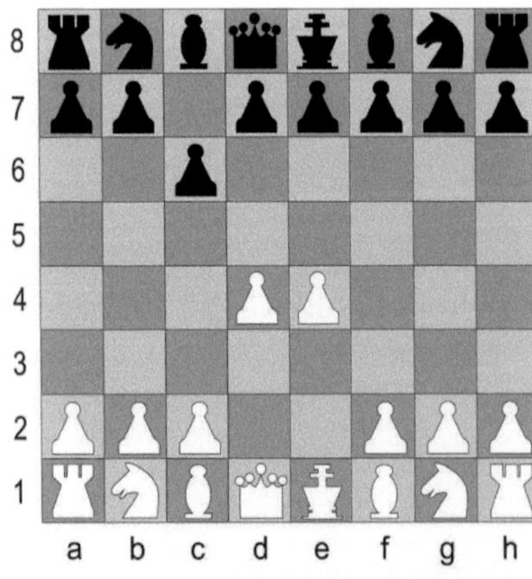

2. d2 - d4
Weiß zieht mit dem Damenbauer und besetzt das Zentrum. Damit hat er dem Läufer die Möglichkeit gegeben, sich zu entwickeln. Das Feld f4 ist jetzt für den Läufer erreichbar.

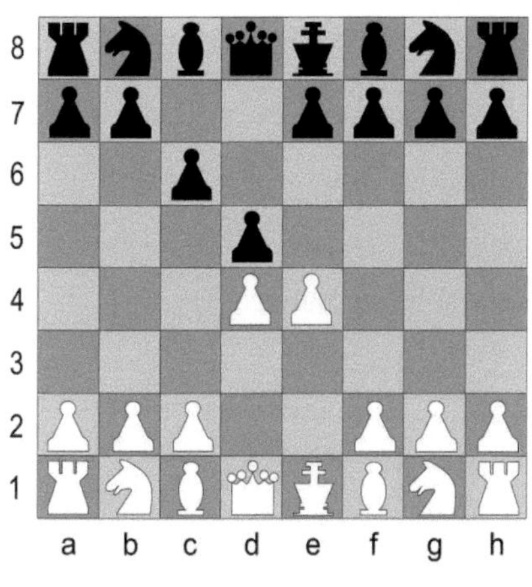

d7 - d5

Schwarz zieht mit dem Damenbauer und besetzt das Zentrum. Damit hat er dem Läufer die Möglichkeit gegeben, sich zu entwickeln.

Kampf um das Feld d5. Sollte Weiß schlagen, macht Schwarz einen Abtausch und das Feld d5 ist immer noch in seinem Besitz. Damit würde die c-Linie für die Dame von Schwarz offen sein.

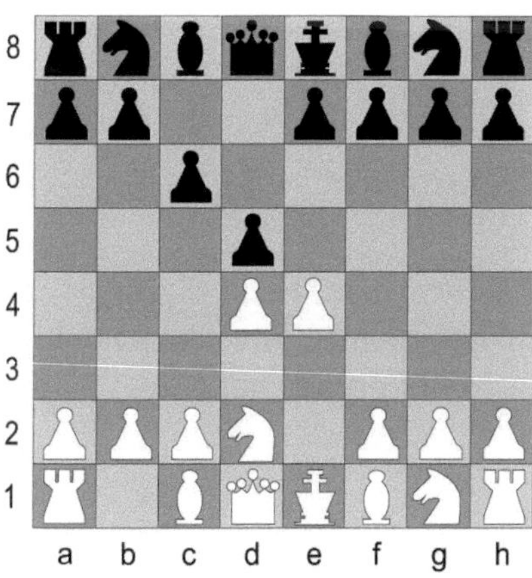

3. Sb1 - d2

Weiß entwickelt seinen Springer und deckt seinen Bauer auf e4.

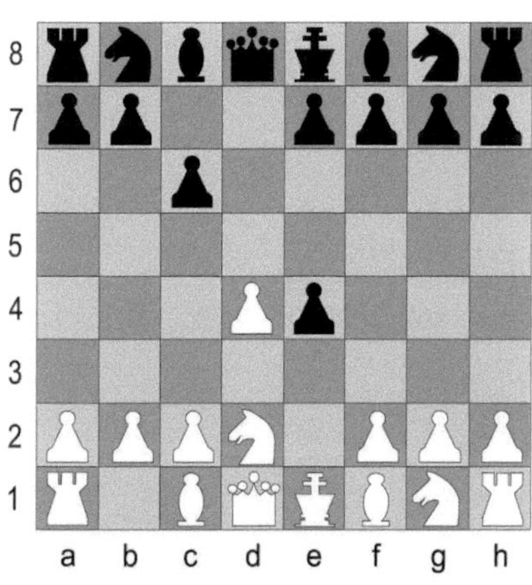

d5 x e4

Bauer schlägt Bauer.

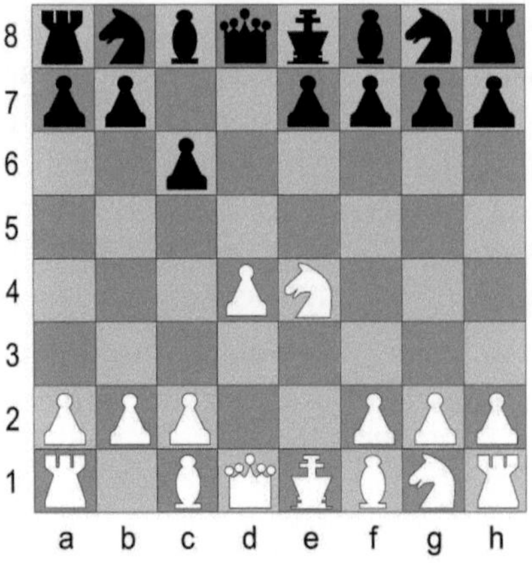

4. Sd2 x e4
Springer schlägt Bauer.

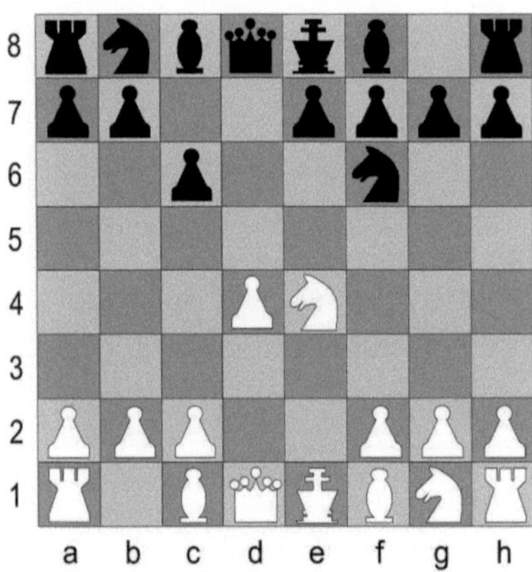

Sg8 - f6
Weiß entwickelt seinen Springer auf seinem natürlichen Entwicklungsfeld f6 und bedroht Springer auf e4.

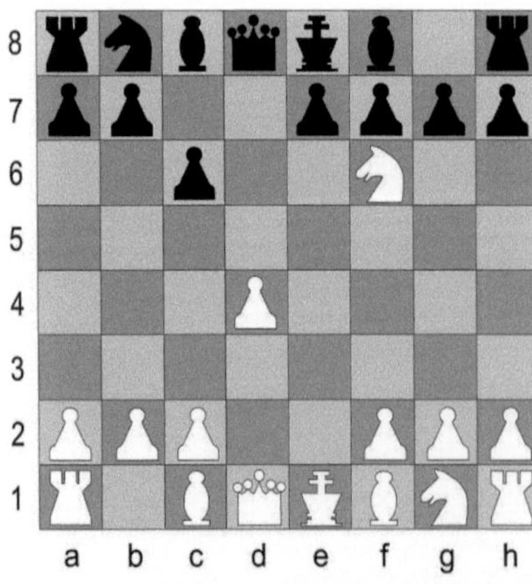

5. Se4 x f6+
Springer schlägt Springer und bietet Schach.

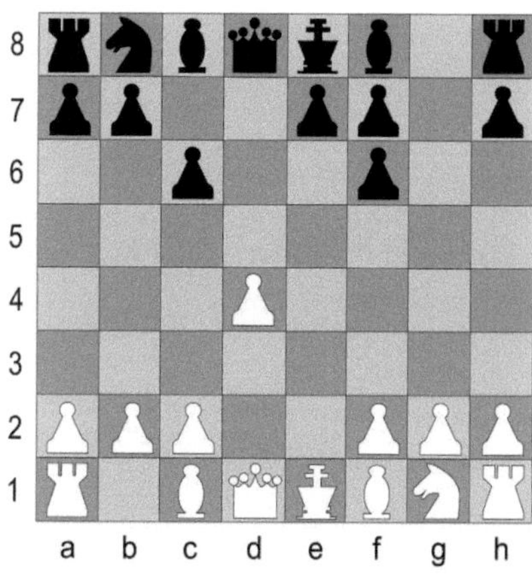

g7 x f6

Bauer schlägt Springer. Dadurch kann sich der Läufer entwickeln.

Allerdings ist die Bauernkette etwas geschwächt.

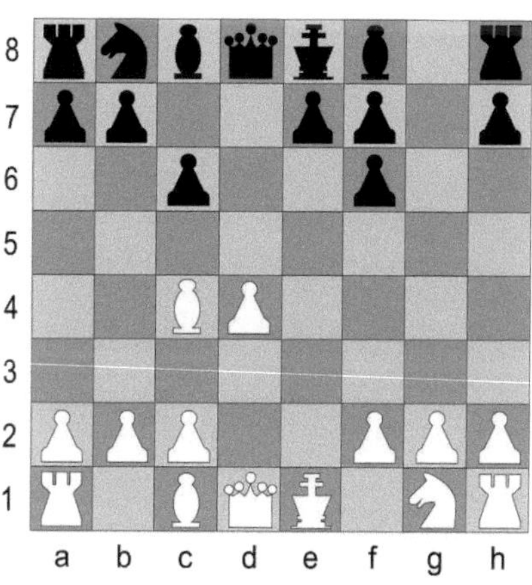

6. Lf1 - c4

Weiß entwickelt seinen Läufer auf seinem natürlichen Entwicklungsfeld c4. Er greift das schwache Feld f7 an.

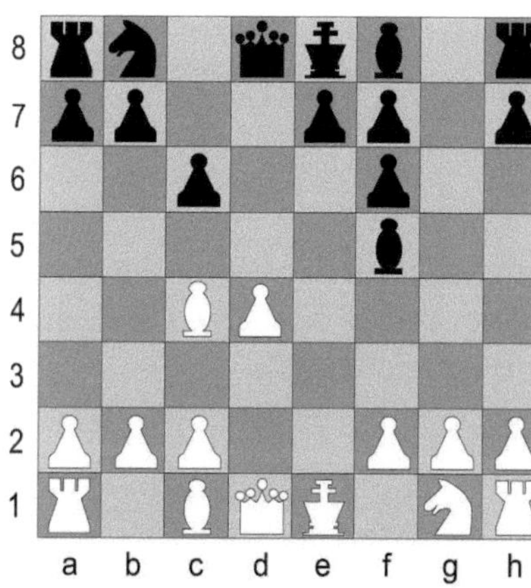

Lc8 - f5

Auch Schwarz entwickelt seinen Läufer auf seinem natürlichen Entwicklungsfeld f5.

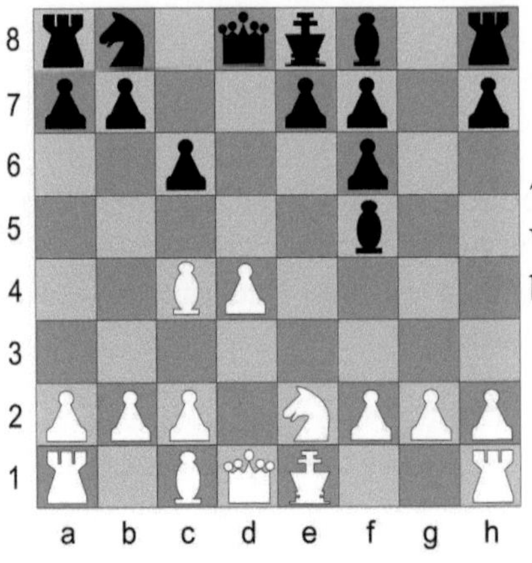

7. Sg1 - e2
Weiß entwickelt seinen Springer und
bereitet die Rochade vor.

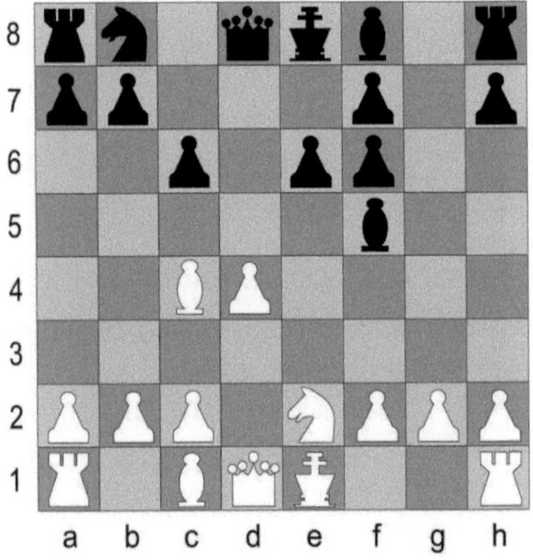

e7 - e6
Unterstützung zur Kontrolle des Zentrums und Läufer auf f5 wird gedeckt.

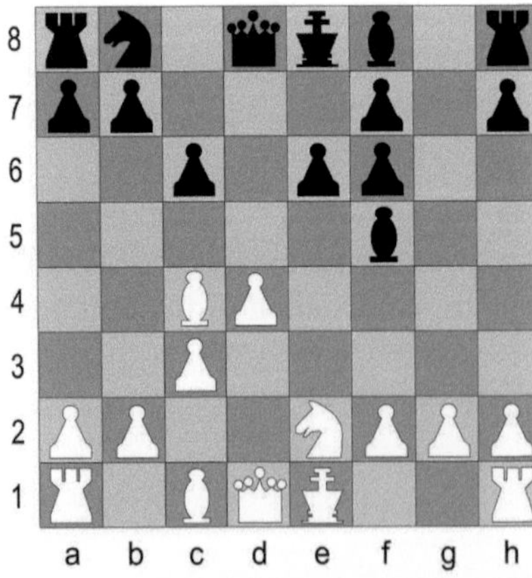

8. c2 - c3
Unterstützung zur Kontrolle des Zent-
rums. Die Dame kann sich auf dem
Damenflügel entwickeln.

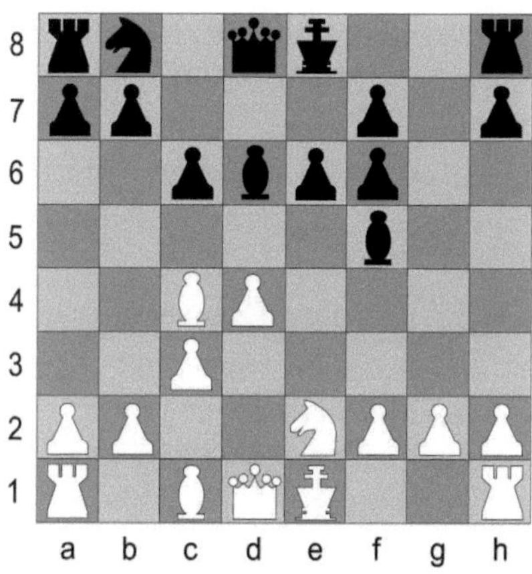

Lf8 - d6

Schwarz entwickelt seinen Läufer und bereitet die Rochade vor.

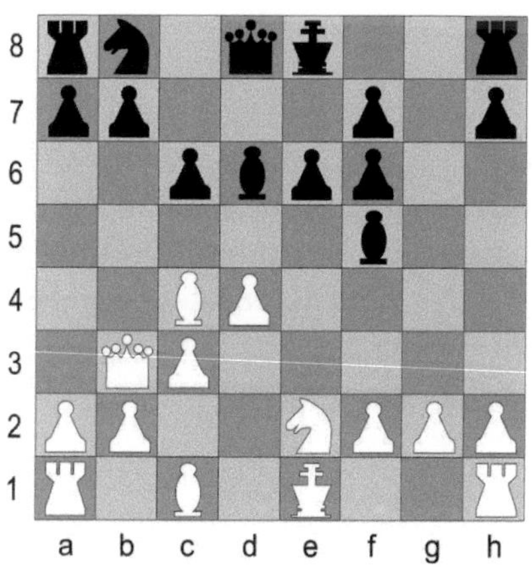

9. Dd1 - b3

Dame entwickelt sich und bedroht Bauer auf b7. Ein Fehler.

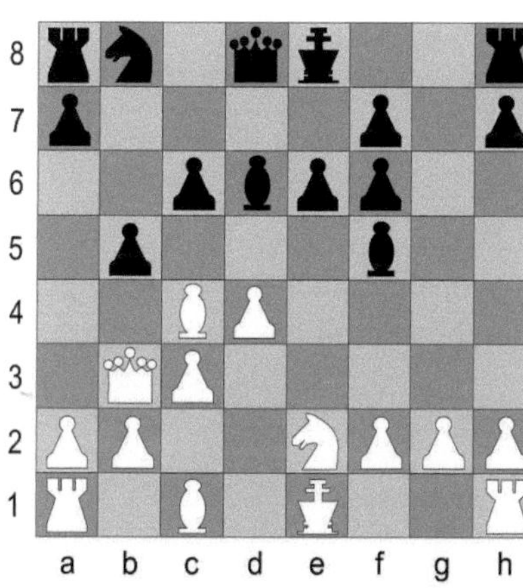

b7 - b5

Bauer bedroht Läufer auf c4. Der Läufer ist somit verloren.

Schlägt der Läufer den Bauer auf b5, wird er vom Bauer auf c6 geschlagen. Auf das Feld d3 kann er auch nicht ziehen, dort wird er vom Läufer auf dem Feld f5 geschlagen.

Geschlossene Spiele: Damengambit

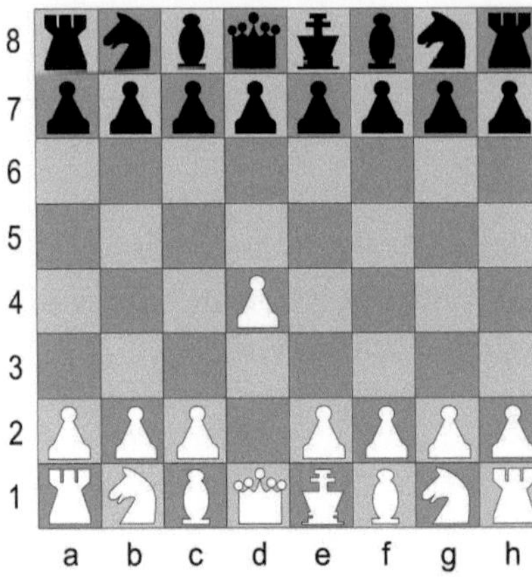

Abtausch der Figuren. Immer wieder wird so gern eröffnet. Weiß opfert seinen Bauer um einen Eröffnungsvorsprung zu erreichen, Schwarz gibt das Zentrum frei.

1. d2 - d4

Weiß zieht mit dem Damenbauer und besetzt das Zentrum. Damit hat er dem Läufer die Möglichkeit gegeben, sich zu entwickeln. Das Feld f4 ist jetzt für den Läufer erreichbar.

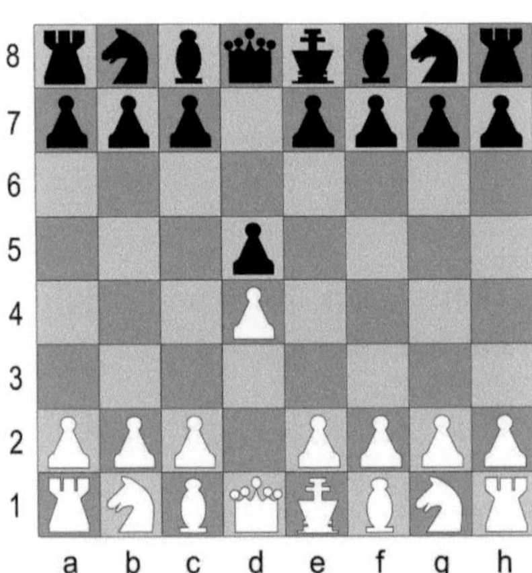

d7 - d5

Schwarz zieht mit dem Damenbauer und besetzt das Zentrum. Damit hat er dem Läufer die Möglichkeit gegeben, sich zu entwickeln. Das Feld f5 ist jetzt für den Läufer erreichbar.

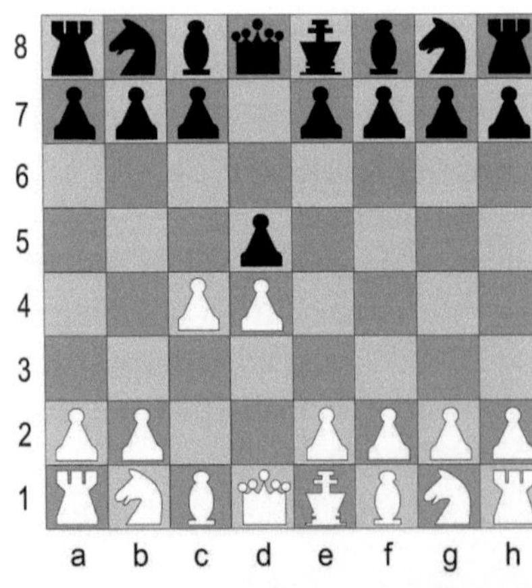

2. c2 - c4

Bauer bedroht Bauer auf d5 und greift schon recht schnell das Zentrum an.

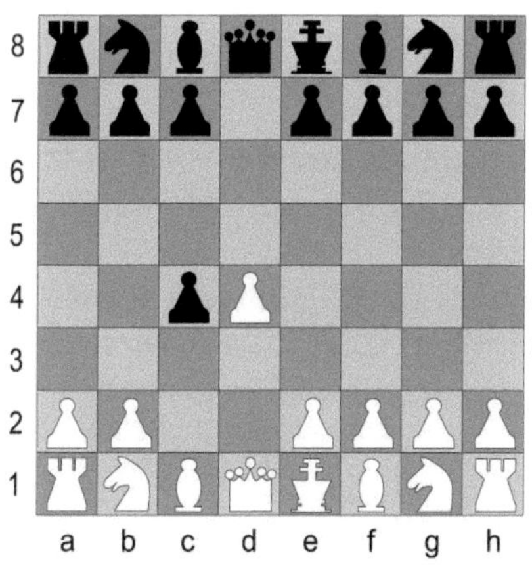

d5 x c4

Bauer schlägt Bauer. Schwarz hofft damit, sich schnell entwickeln zu können.

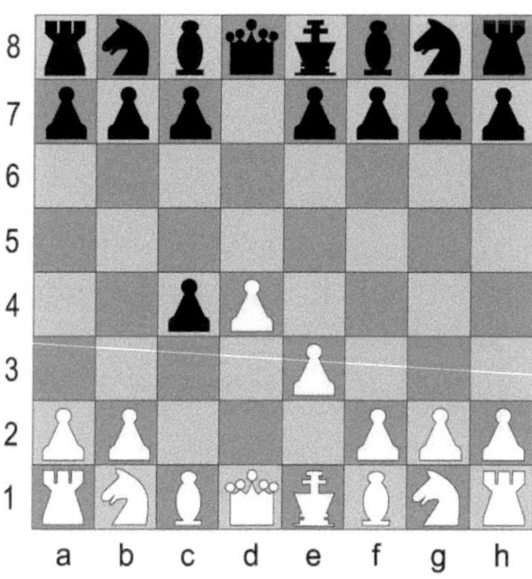

3. e2 - e3

Unterstützung des Zentrums und deckt seinen Bauer auf d4. Läufer auf f1 kann sich entwickeln und bedroht Bauer auf c4. Allerdings wird der Läufer auf c1 behindert.

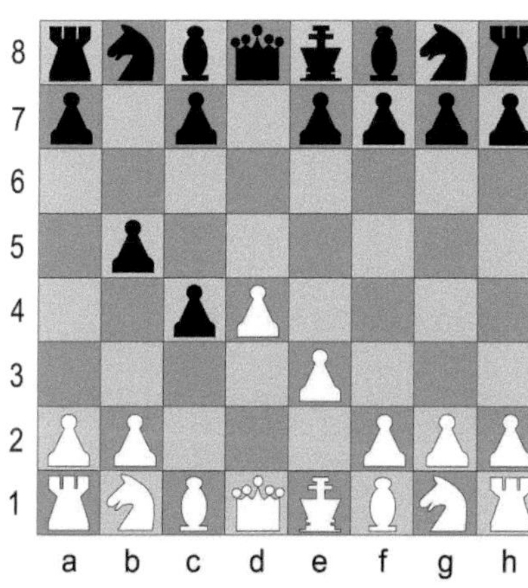

b7 - b5

Schwarz deckt seinen Bauer auf c4. Kein besonders guter Zug. Der e-Bauer wäre besser für die Entwicklung gewesen. Denn Weiß kann den schwarzen Bauer leicht erobern.

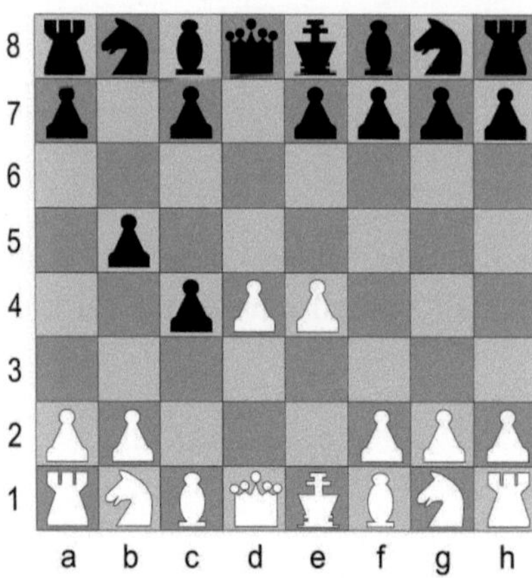

4. e3 - e4

Bauer zieht ins Zentrum vor. Nun kann sich der Läufer auf c1 weiterentwickeln.

Allerdings könnte Weiß jetzt auf a4 ziehen (gedeckt durch Dame). Dies würde aber für die Entwicklung nichts bringen.

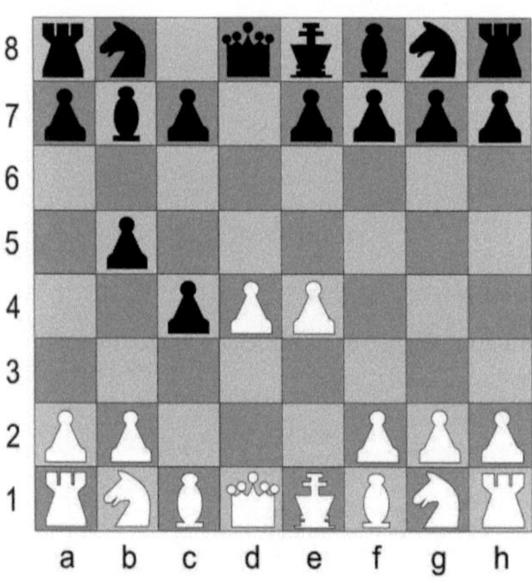

Lc8 - b7

Läufer entwickelt sich und bedroht Bauer auf e4.

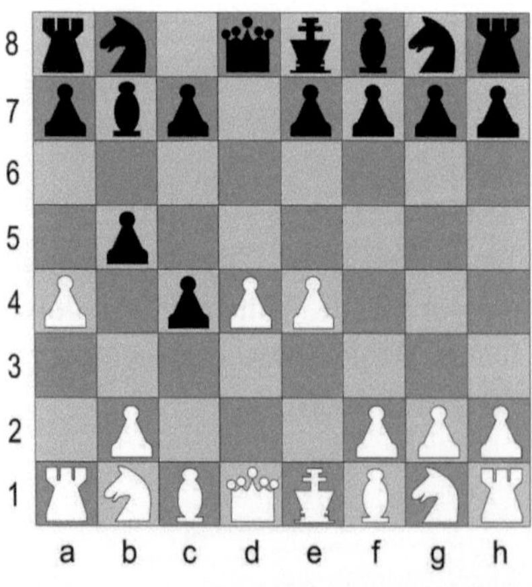

5. a2 - a4

Bauer bedroht Bauer auf b5.

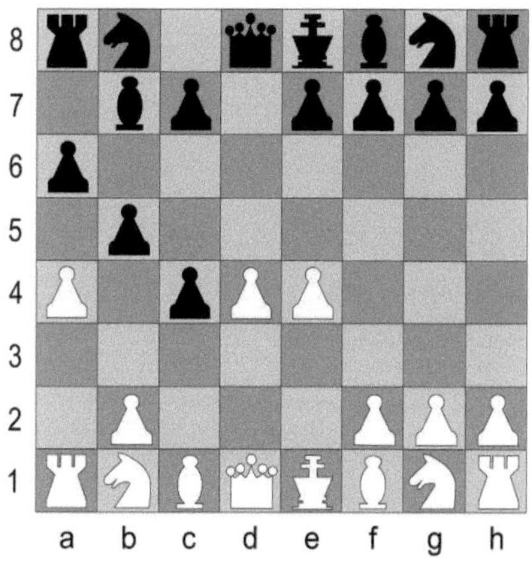

a7 - a6
Bauer schützt seinen Bauer auf b5.

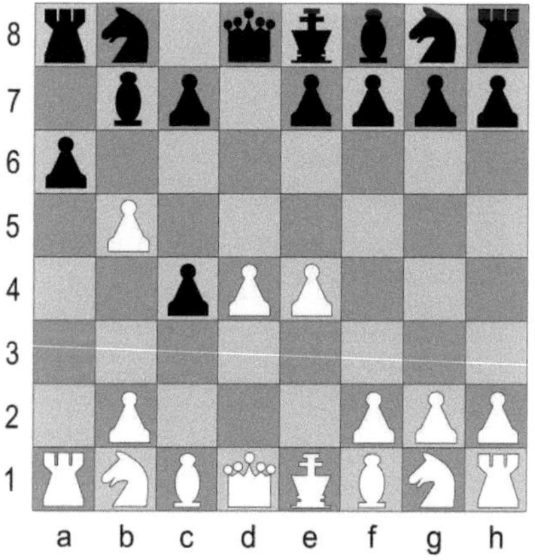

6. a4 x b5
Abtausch der Bauern.

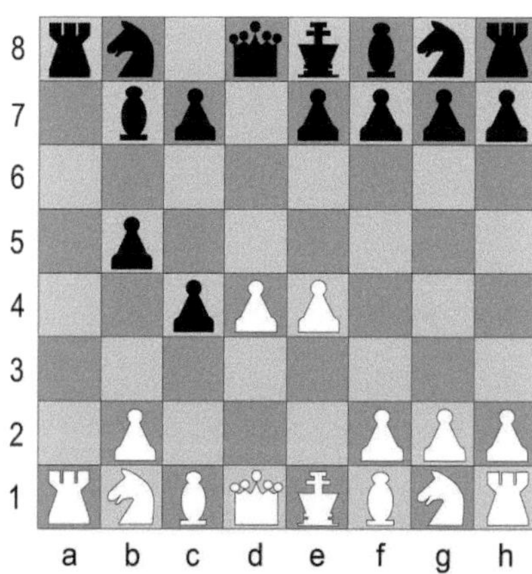

a6 x b5
Abtausch der Bauern.

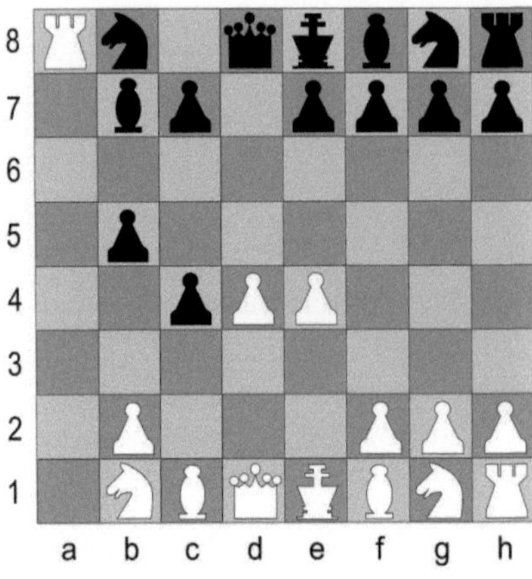

7. Ta1 x a8
Turm schlägt Turm.

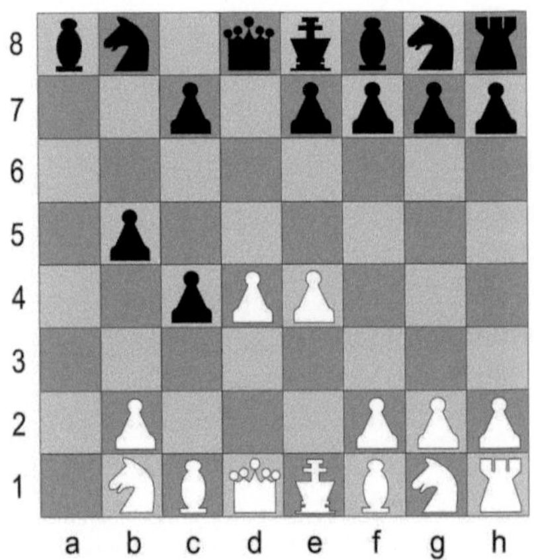

Lb7 x a8
Läufer schlägt Turm.

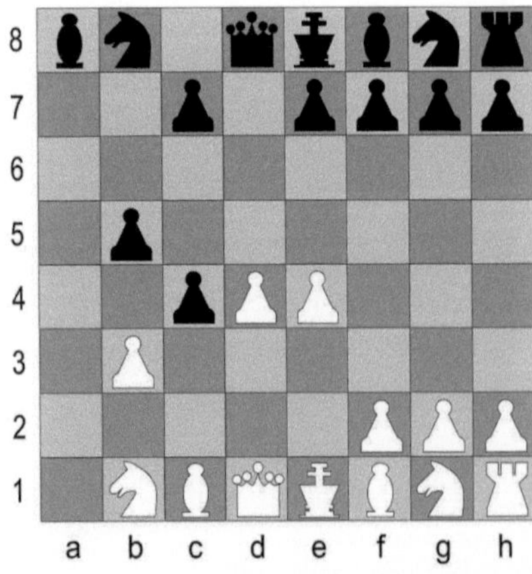

8. b2 - b3
Bauer bedroht Bauer auf c4.

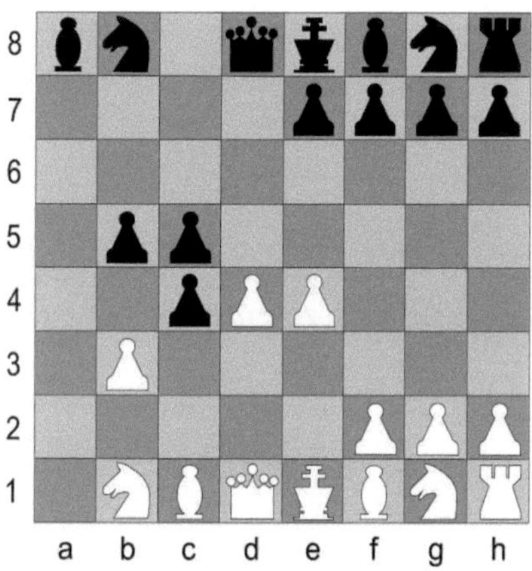

c7 - c5
Bauer bedroht Bauer auf d4.
Die Dame kann sich auf dem Damenflügel entwickeln.

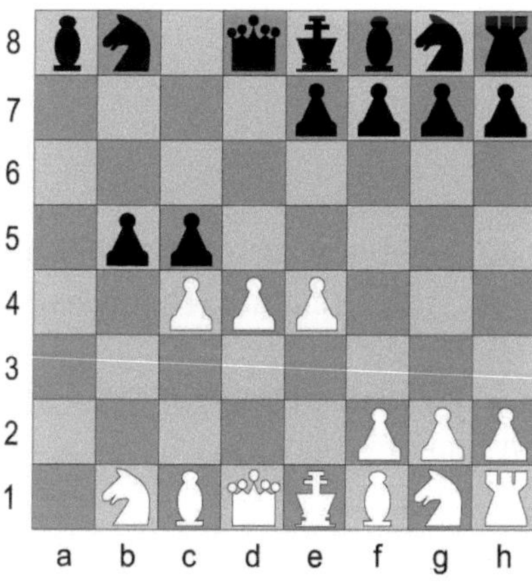

9. b3 x c4
Abtausch der Bauern.
Auch die weiße Dame kann sich auf dem Damenflügel entwickeln.

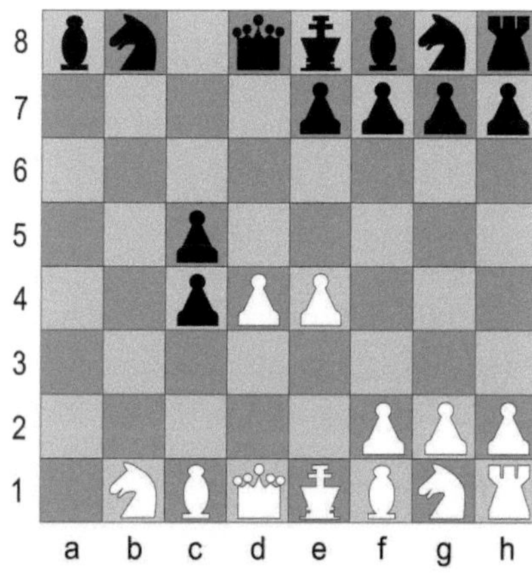

b5 x c4
Abtausch der Bauern.

Larsen-System

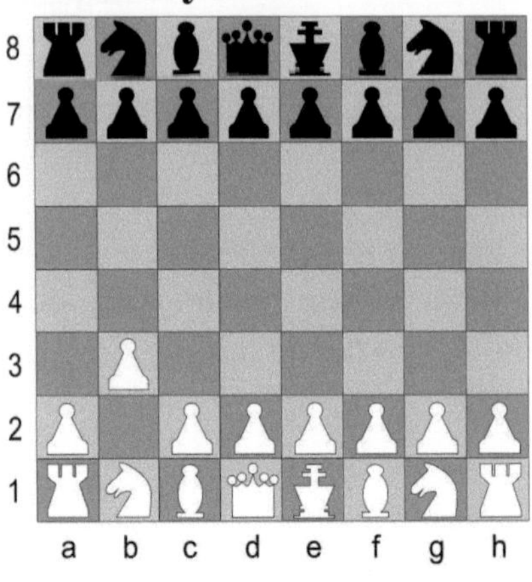

Diese gilt als ruhige Eröffnung. Schwarz kann das Zentrum beherrschen.

1. b2 - b3
Damit hat er dem Läufer die Möglichkeit gegeben, sich zu entwickeln.

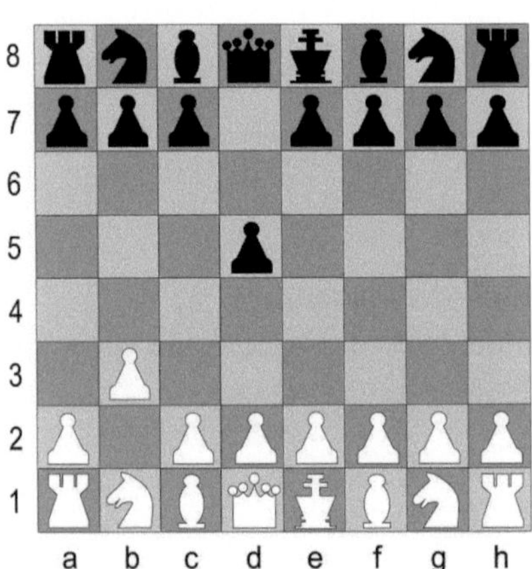

d7 - d5
Schwarz zieht mit dem Damenbauer und besetzt das Zentrum. Damit hat er dem Läufer die Möglichkeit gegeben, sich zu entwickeln. Das Feld f5 ist jetzt für den Läufer erreichbar.

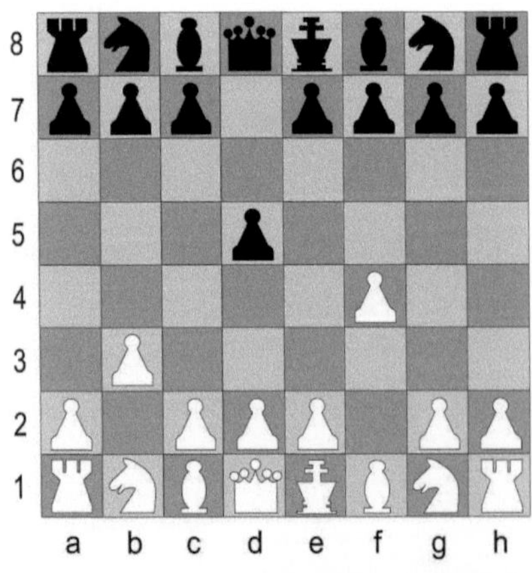

2. f2 - f4
Unterstützung zur Kontrolle des Zentrums und behindert den schwarzen Bauer (e7) das Zentrum zu besetzen.

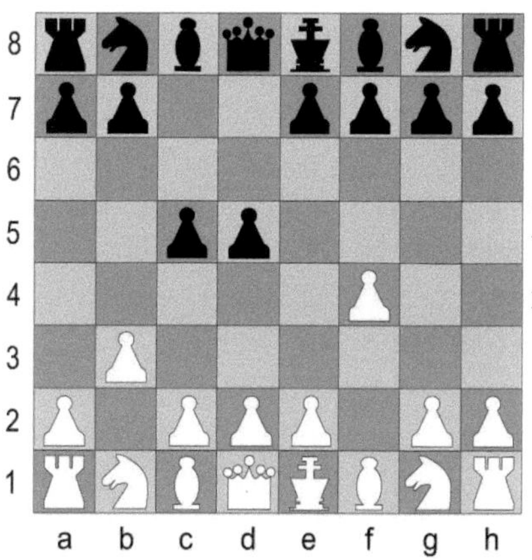

c7 - c5

Unterstützung zur Kontrolle des Zentrums und die Dame kann sich entwickeln.

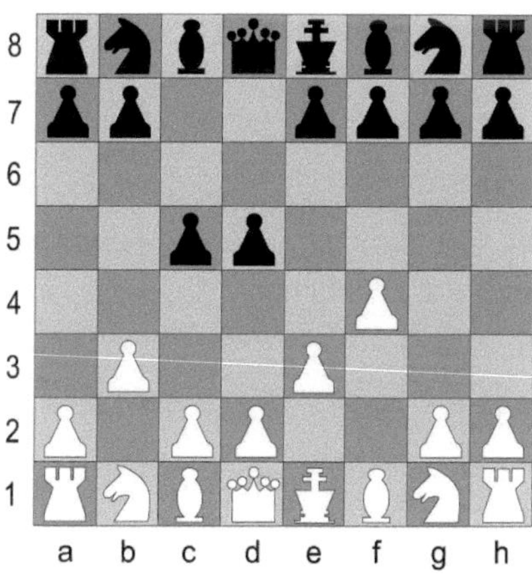

3. e2 - e3

Weiß zieht mit dem Damenbauer, deckt seinen Bauern auf f4 und unterstützt die Kontrolle des Zentrums. Damit hat er dem Läufer die Möglichkeit gegeben, sich zu entwickeln.

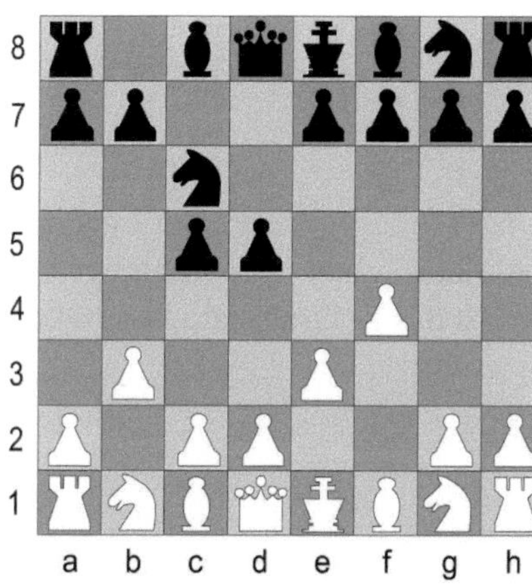

Sb8 - c6

Schwarz entwickelt seinen Springer auf seinem natürlichen Entwicklungsfeld und unterstützt das Zentrum.

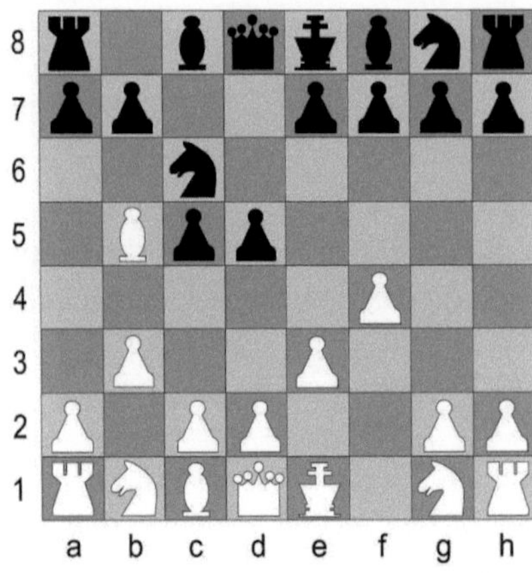

4. Lf1 - b5

Weiß entwickelt seinen Läufer, bedroht Springer auf c6 und fesselt ihn. Springer kann nicht wegziehen, sonst würde der König im Schach stehen.

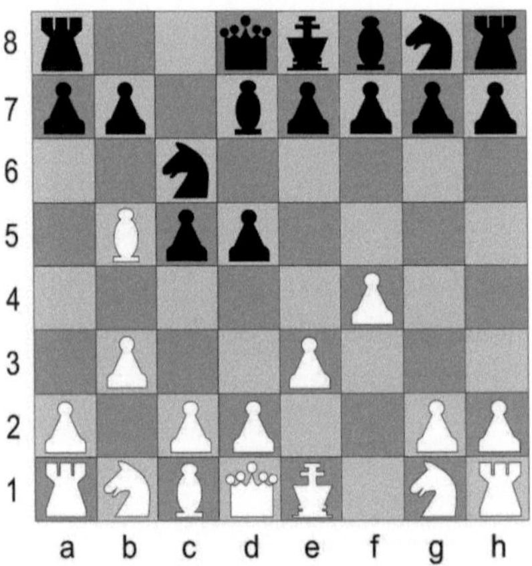

Lc8 - d7

Läufer unterstützt Springer. Fesselung ist damit aufgehoben.

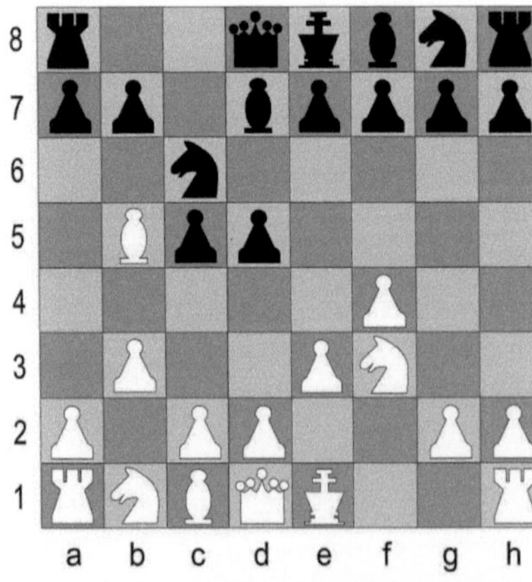

5. Sg1 - f3

Weiß entwickelt seinen Springer auf seinem natürlichen Entwicklungsfeld, unterstützt das Zentrum und bereitet die Rochade vor.

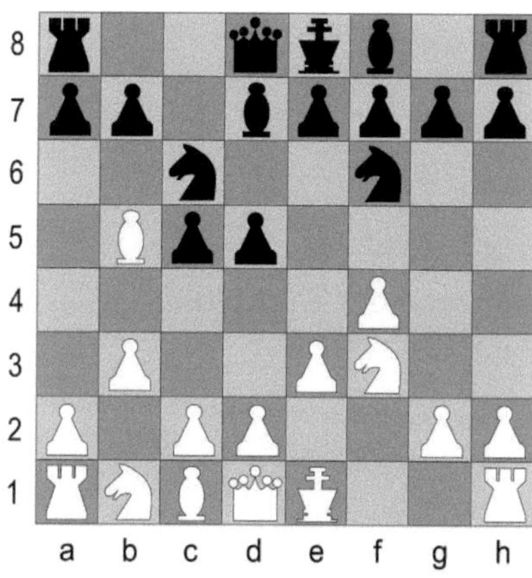

Sg8 - f6
Auch Schwarz entwickelt seinen Springer auf seinem natürlichen Entwicklungsfeld und unterstützt das Zentrum

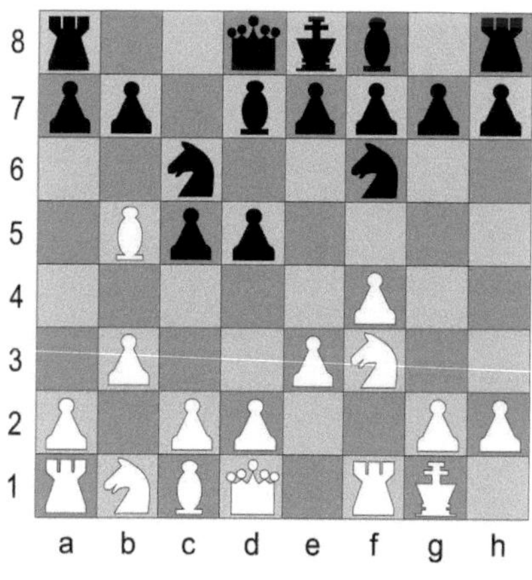

6. 0 - 0
Weiß macht die Rochade und bringt den König in Sicherheit.

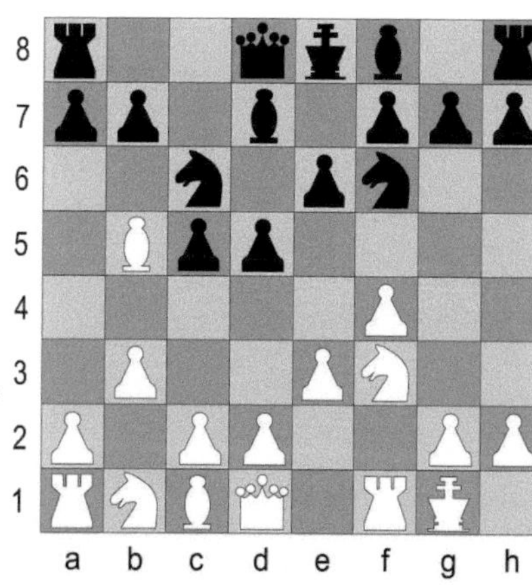

e7 - e6
Schwarz zieht mit dem Königsbauer und unterstützt die Kontrolle des Zentrums. Durch den Läufer auf f8 ist der Bauer auf c5 gedeckt.

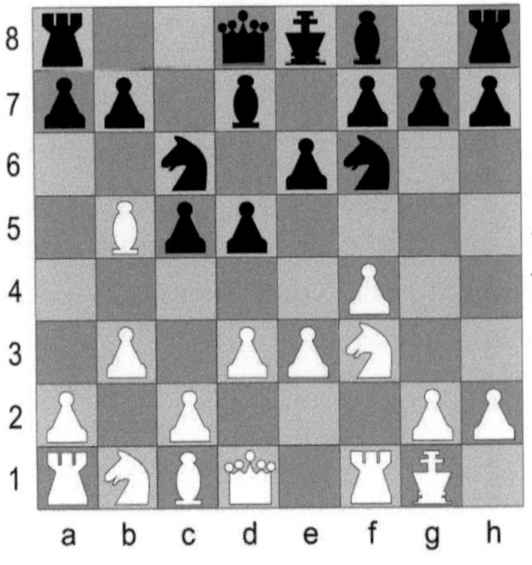

7. d2 - d3
Unterstützung des Zentrums.

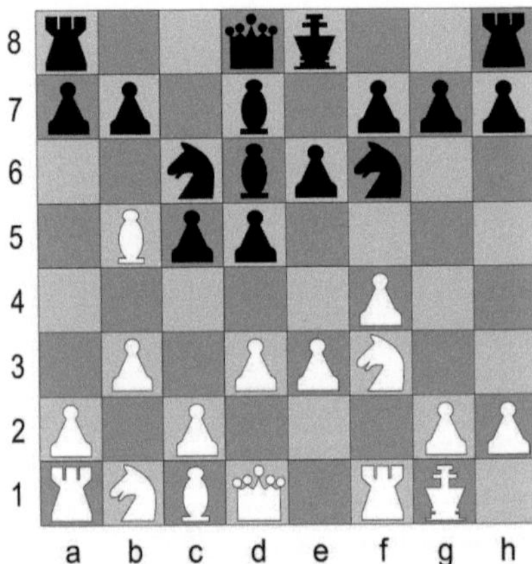

Lf8 - d6
Schwarz entwickelt seinen Läufer, bedroht Bauer auf f4 und bereitet die Rochade vor.

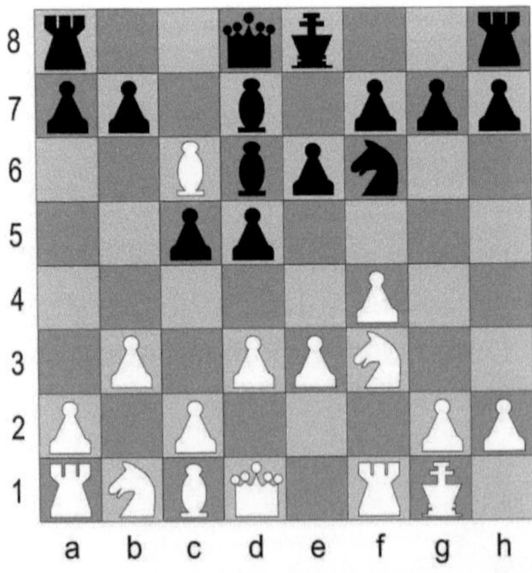

8. Lb5 x c6
Läufer schlägt Springer.

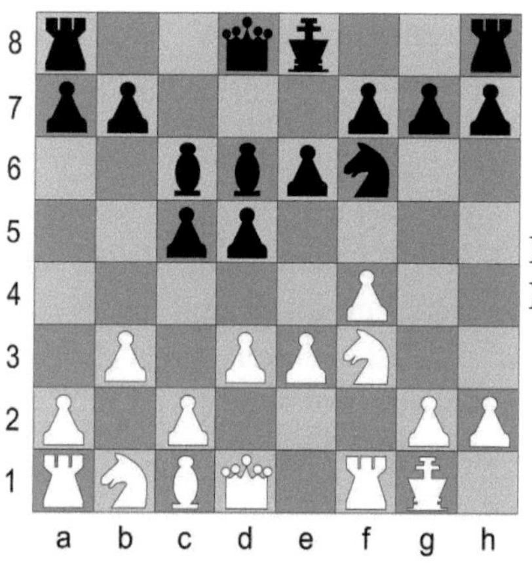

Ld7 x c6
Läufer schlägt Läufer.

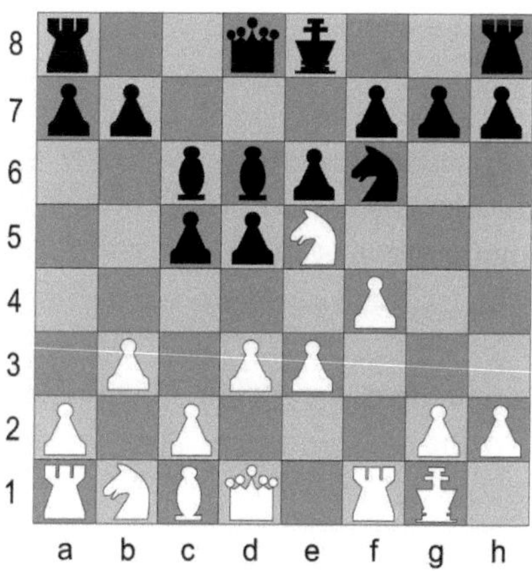

9. Sf3 - e5
Springer bedroht Läufer auf c6.

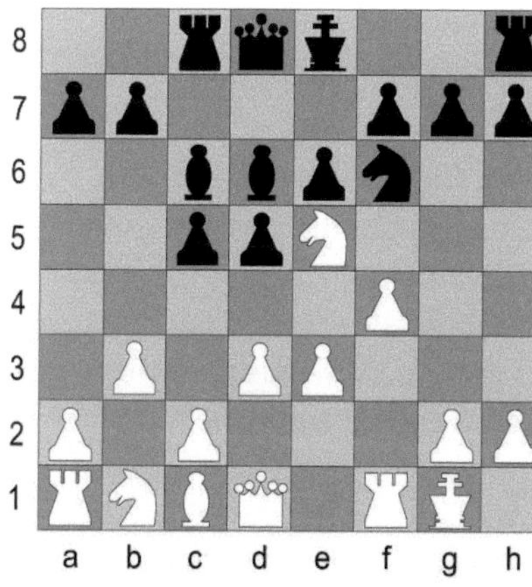

Ta8 - c8
Turm entwickelt sich und schützt
Läufer auf c6.

Königsindische Verteidigung

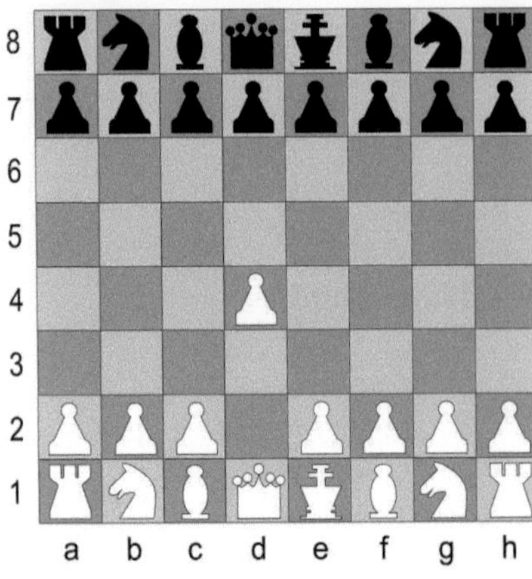

Dies ist eine aggressive Eröffnung. Weiß beherrscht das Zentrum, Schwarz übt Druck auf das Zentrum aus.

1. d2 - d4
Weiß zieht mit dem Damenbauer und besetzt das Zentrum. Damit hat er dem Läufer die Möglichkeit gegeben, sich zu entwickeln. Das Feld f4 ist jetzt für den Läufer erreichbar.

Sg8 - f6
Schwarz entwickelt seinen Springer auf seinem natürlichen Entwicklungsfeld und unterstützt das Zentrum.
Der Königsflügel soll also schnell entwickelt werden. Der Springer beherrscht jetzt die Felder d5 und e4. Der Springer verhindert den weißen Bauernzug auf e4.

2. c2 - c4
Unterstützung zur Kontrolle des Zentrums. Auch die Dame kann sich jetzt entwickeln.
Weiß zieht erst seinen Bauer, danach könnte er seinen Springer auf das Feld c3 entwickeln, um ihn nicht zu behindern.

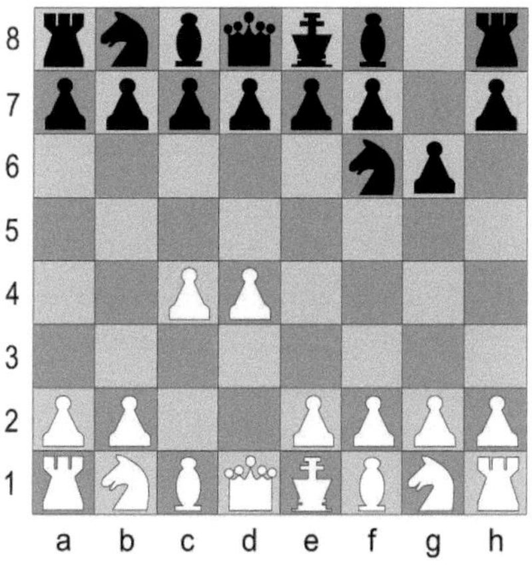

g7 - g6
Läufer kann sich entwickeln.

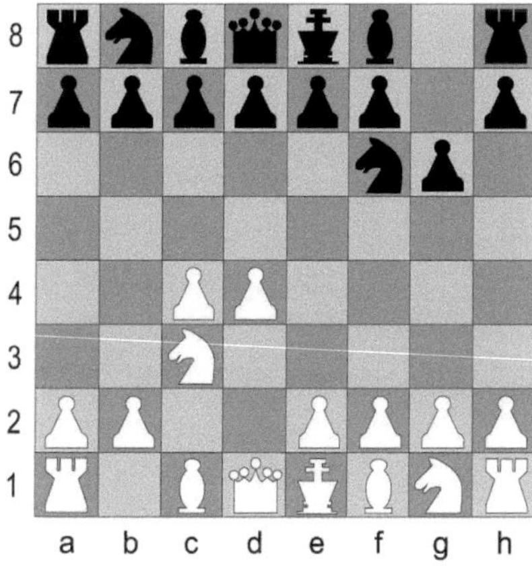

3. Sb1 - c3
Weiß entwickelt seinen Springer auf seinem natürlichen Entwicklungsfeld und unterstützt das Zentrum.
Ein sehr beliebter Zug in der Eröffnung.

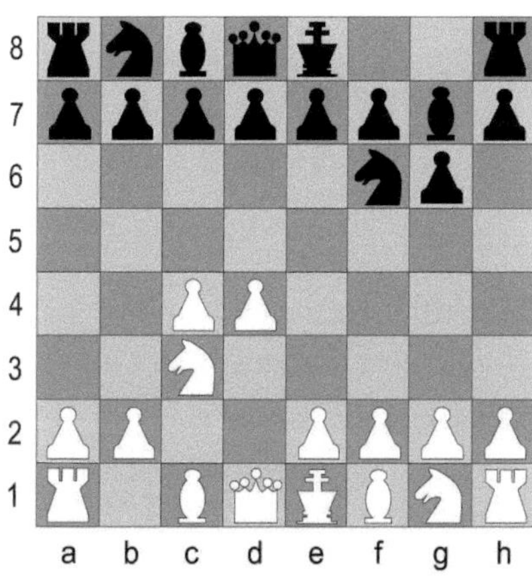

Lf8 - g7
Läufer entwickelt sich und bereitet die Rochade vor.

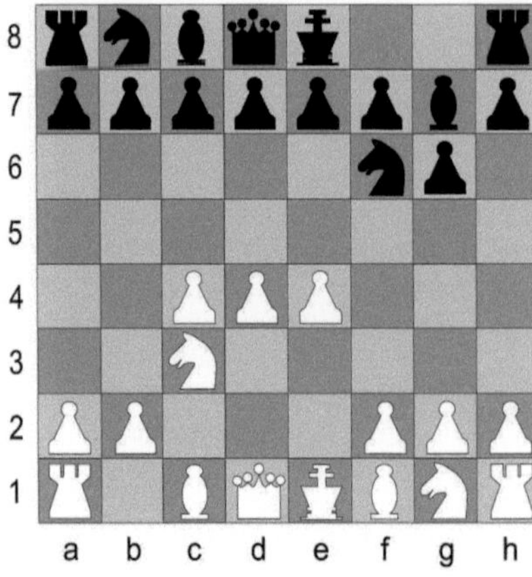

4. e2 - e4

Weiß zieht mit dem Königsbauer und besetzt das Zentrum. Damit hat er dem Läufer die Möglichkeit gegeben, sich zu entwickeln.

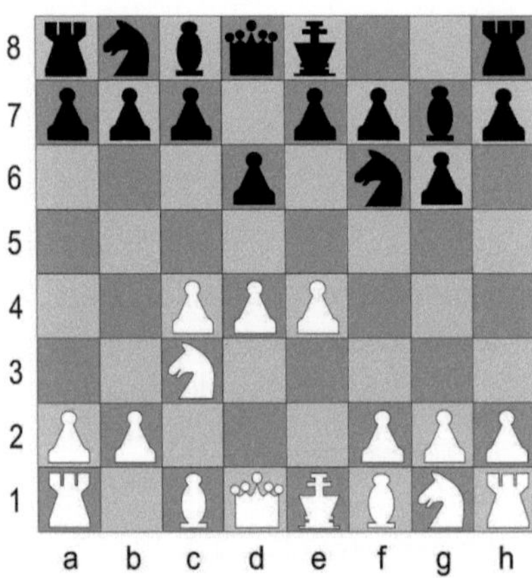

d7 - d6

Unterstützung zur Kontrolle des Zentrums. Damit hat er dem Läufer die Möglichkeit gegeben, sich zu entwickeln.

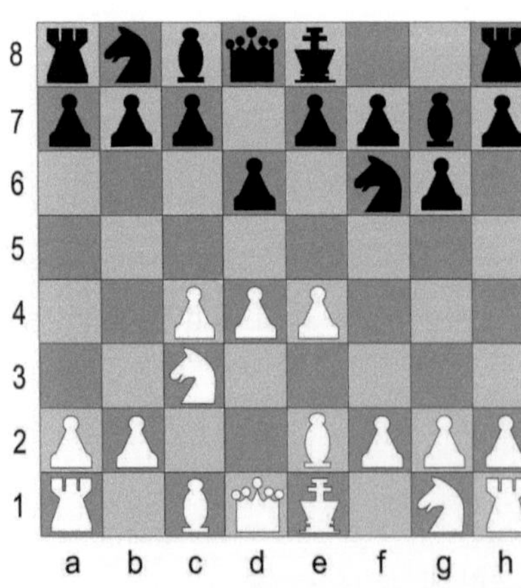

5. Lf1 - e2

Schränkt die Bewegungsmöglichkeit des schwarzen Läufers auf c8 ein.

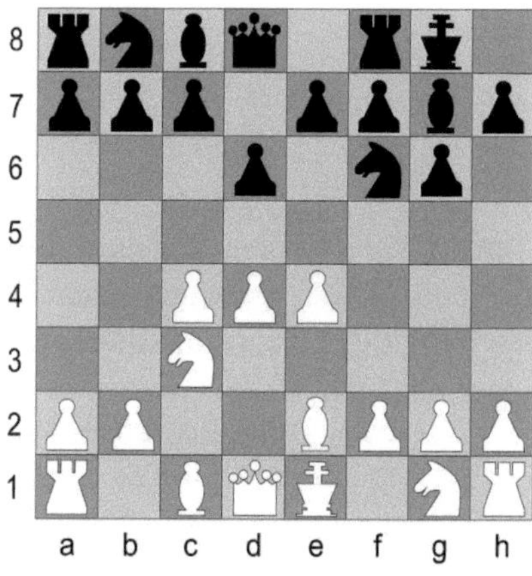

0 - 0
Schwarz macht die Rochade und bringt den König in Sicherheit.

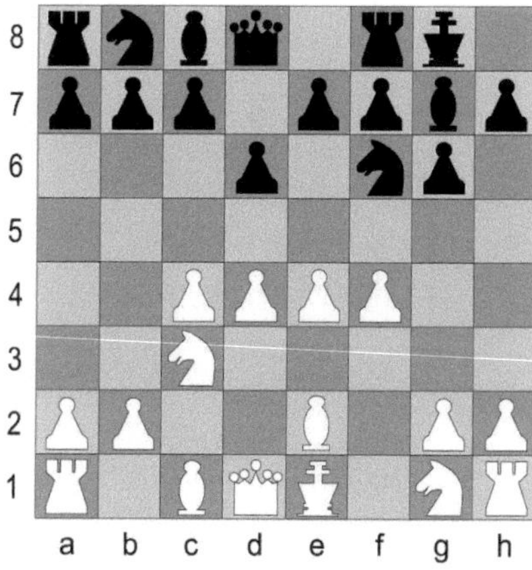

6. f2 - f4
Unterstützung zur Kontrolle des Zentrums.

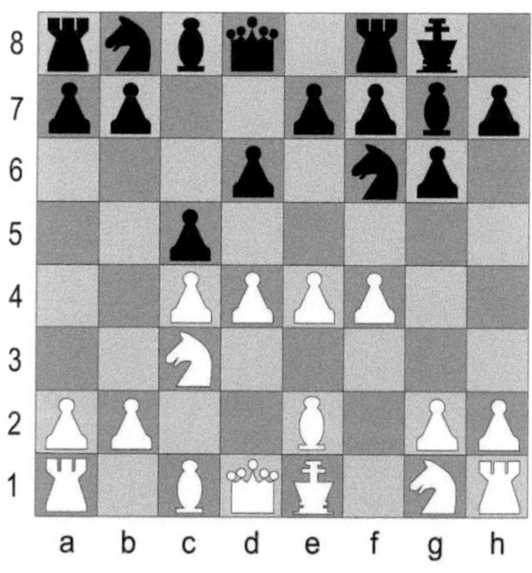

c7 - c5
Bauer bedroht Bauer auf d4. Dame kann sich entwickeln.

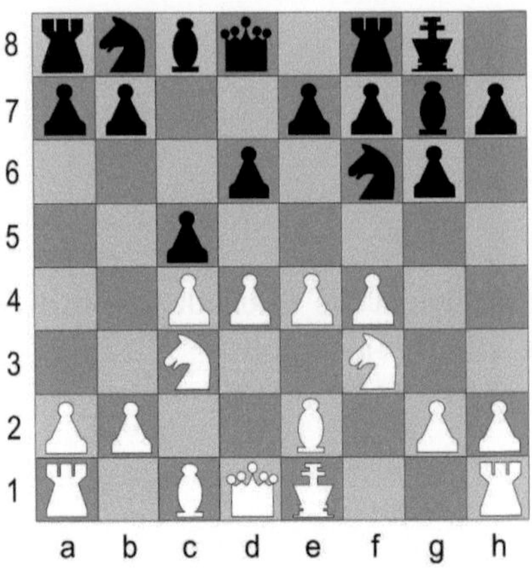

7. Sg1 - f3

Weiß entwickelt seinen Springer auf seinem natürlichen Entwicklungsfeld und unterstützt das Zentrum sowie seinen Bauern auf d4.

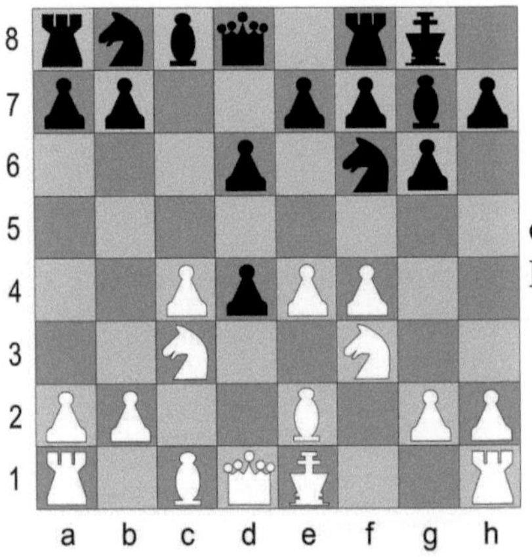

c5 x d4

Bauer schlägt Bauer.

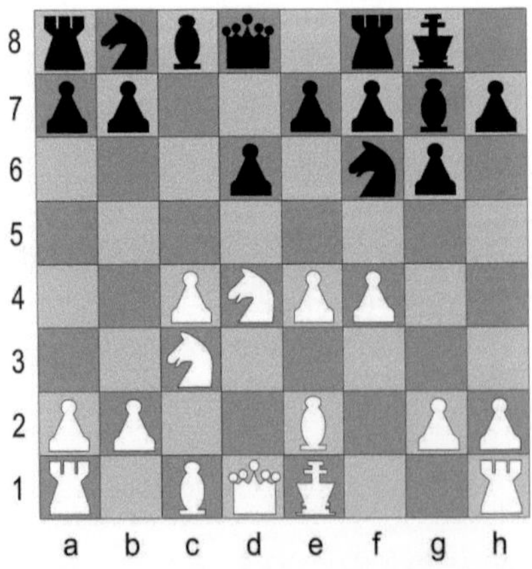

8. Sf3 x d4

Springer schlägt Bauer.

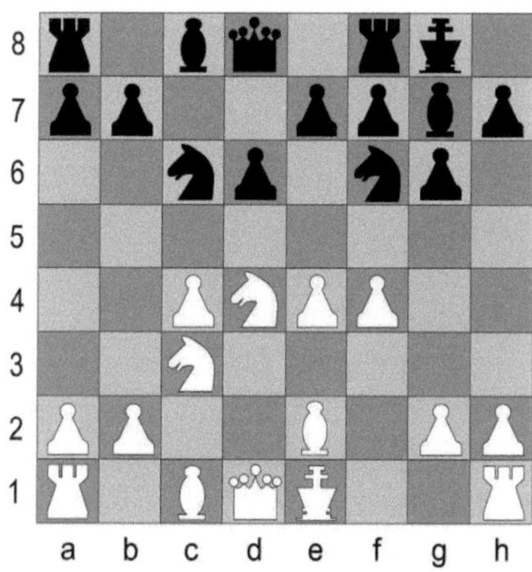

Sb8 - c6

Schwarz entwickelt seinen Springer auf seinem natürlichen Entwicklungsfeld, unterstützt das Zentrum und droht Springer auf d4.

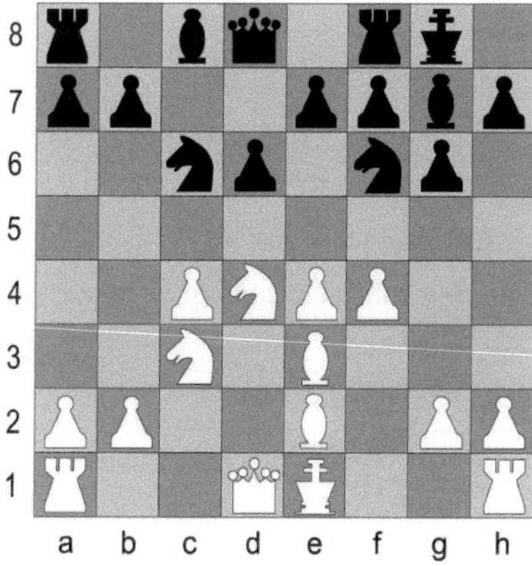

9. Lc1 - e3

Läufer unterstützt Springer auf d4.

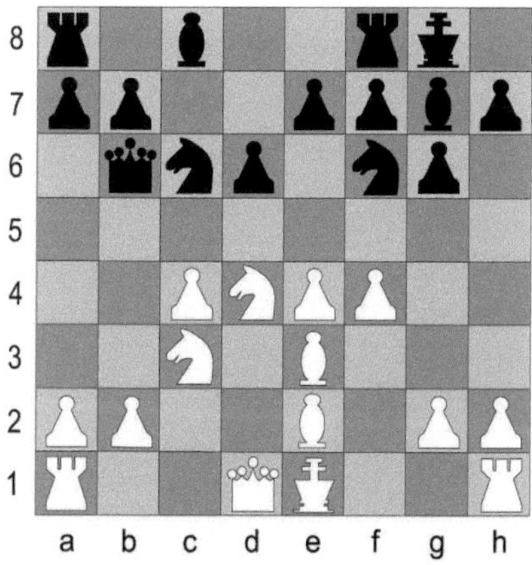

Dd8 - b6

Dame entwickelt sich.

Holländisch

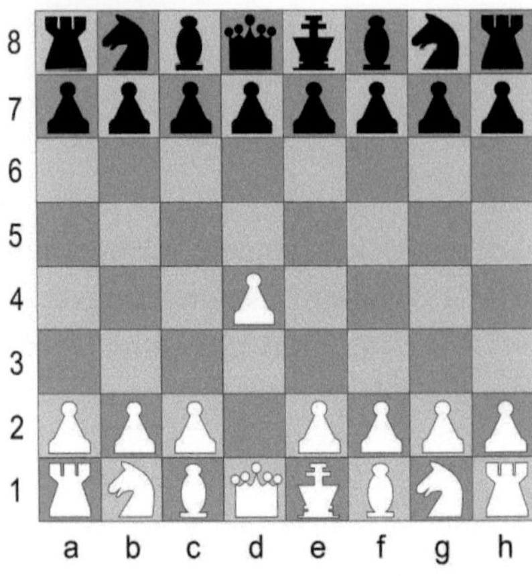

Die Eröffnung bietet beiden Spielern eine spannende Partie. Schwarz möchte e4 kontrollieren und über den Flügel angreifen, Weiß möchte das Zentrum beherrschen.

1. d2 - d4
Weiß zieht mit dem Damenbauer und besetzt das Zentrum. Damit hat er dem Läufer die Möglichkeit gegeben, sich zu entwickeln. Das Feld f4 ist jetzt für den Läufer erreichbar.

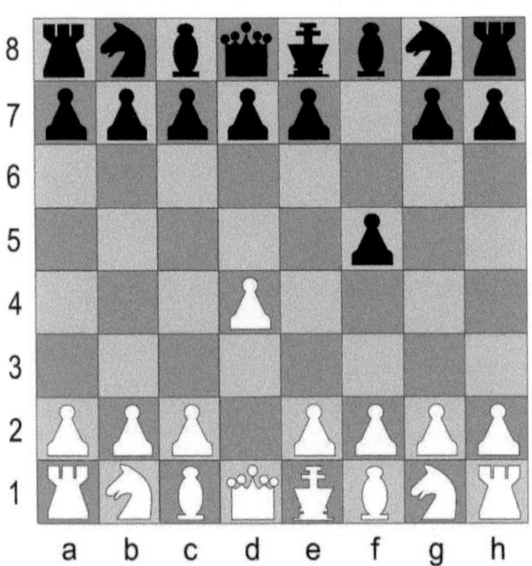

f7 - f5
Unterstützung zur Kontrolle des Zentrums.
Kampf um das Feld e4. Schwarz möchte es in den nächsten Zügen besetzen. Königssicherheit wird geschwächt. Keine Entwicklungsmöglichkeiten für die anderen Figuren.

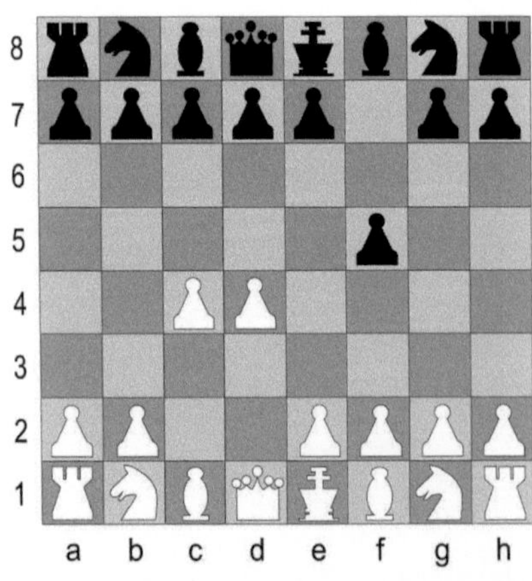

2. c2 - c4
Unterstützung zur Kontrolle des Zentrums und die Dame kann sich entwickeln.

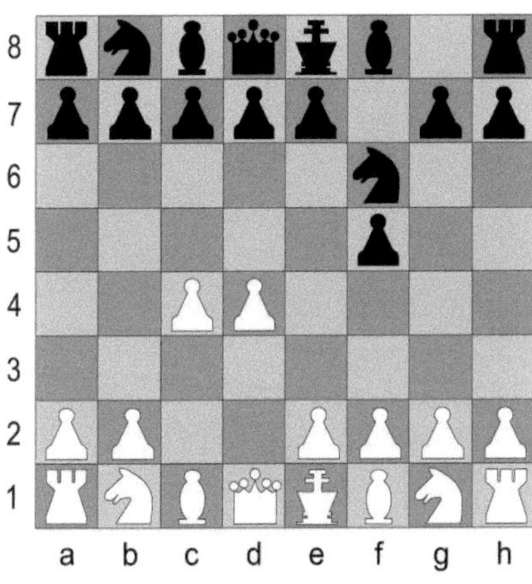

Sg8 - f6
Schwarz entwickelt seinen Springer auf seinem natürlichen Entwicklungsfeld und beherrscht jetzt das Zentrum.

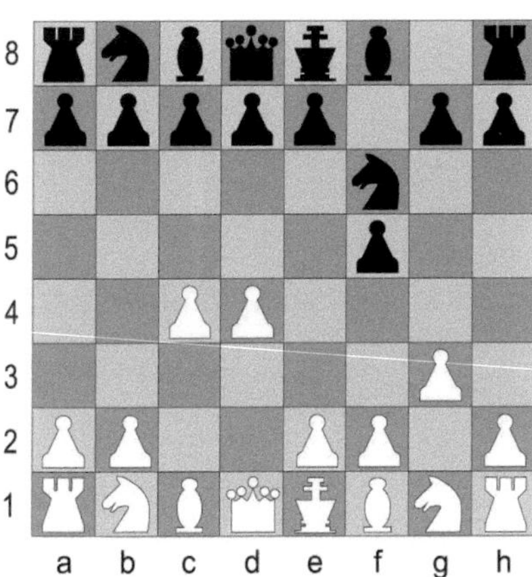

3. g2 - g3
Läufer auf f1 kann sich entwickeln.

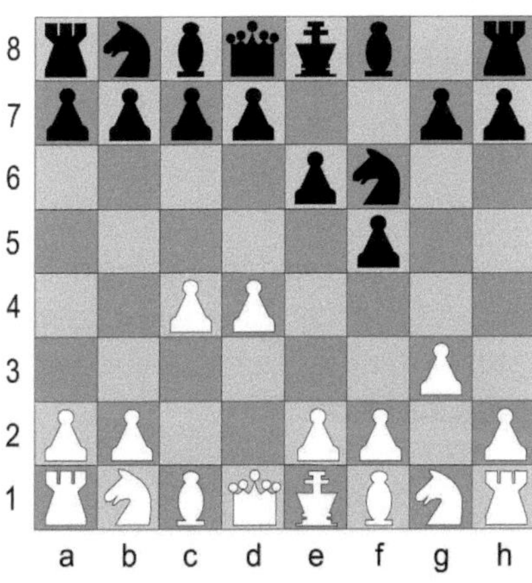

e7 - e6
Bauer deckt Bauer auf f5. Damit hat er dem Läufer die Möglichkeit gegeben, sich zu entwickeln.

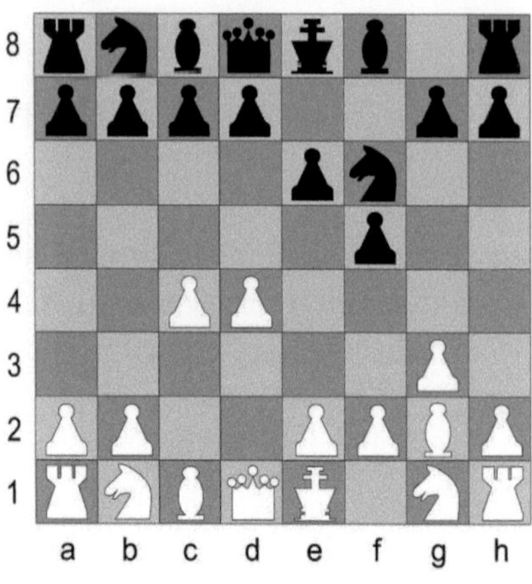

4. Lf1 - g2
Läufer entwickelt sich.

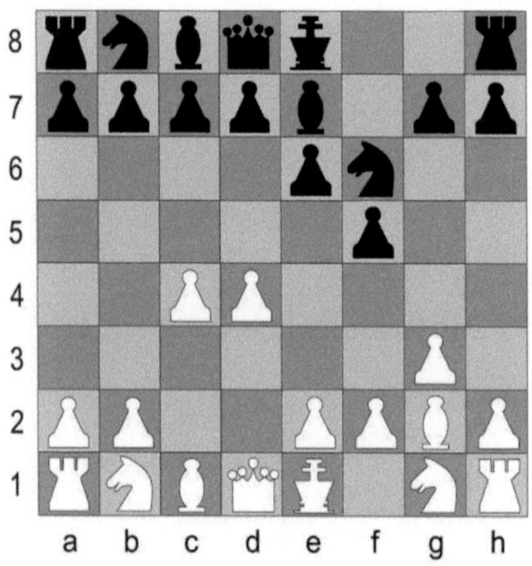

Lf8 - e7
Läufer entwickelt sich und bereitet die
Rochade vor.

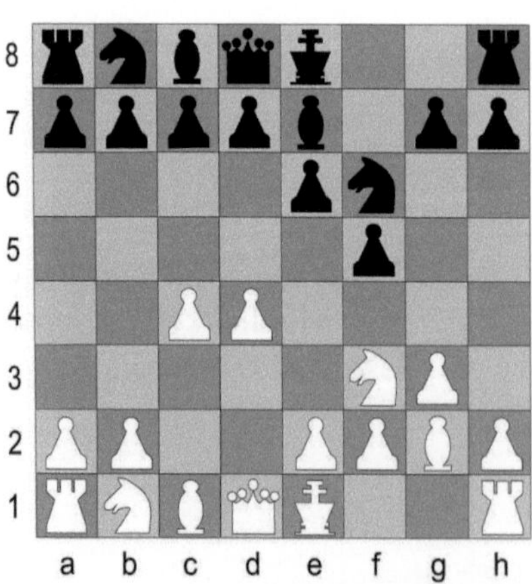

5. Sg1 - f3
Weiß entwickelt seinen Springer auf
seinem natürlichen Entwicklungsfeld,
beherrscht jetzt das Zentrum und bereitet die Rochade vor.

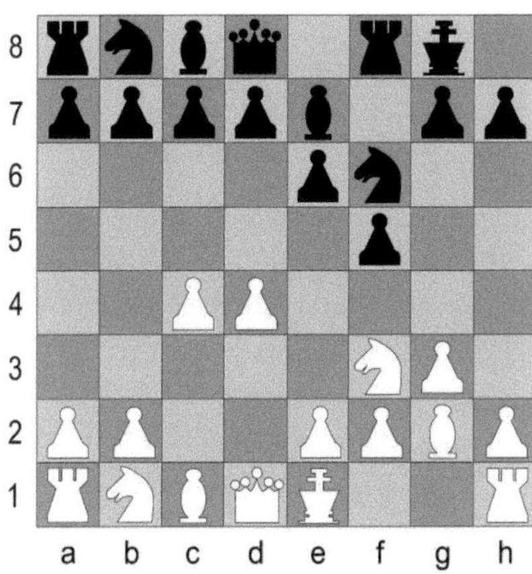

0 - 0
Schwarz macht die Rochade und bringt den König in Sicherheit.

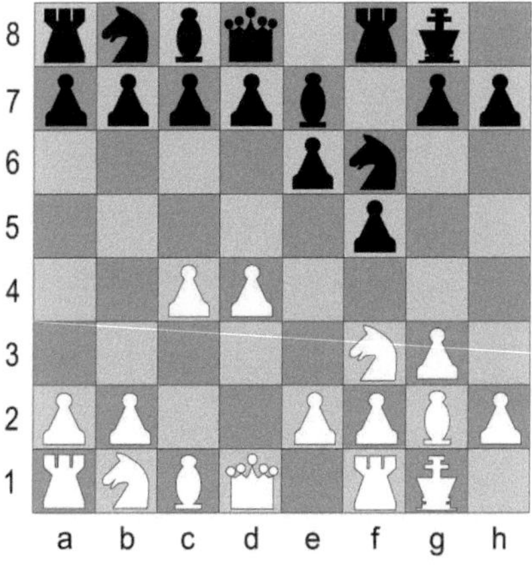

6. 0 - 0
Weiß macht die Rochade und bringt den König in Sicherheit.

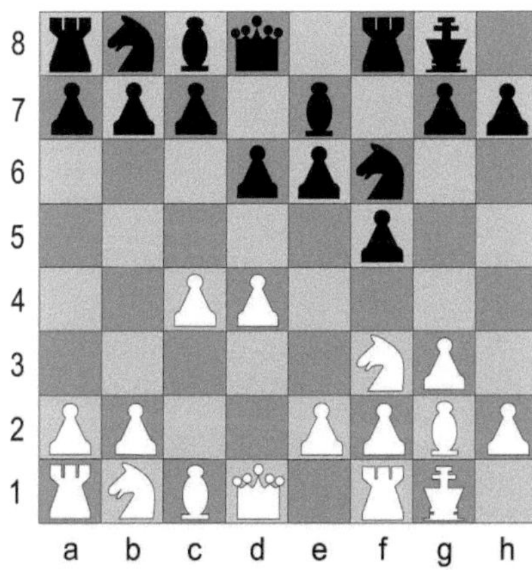

d7 - d6
Unterstützung zur Kontrolle des Zentrums.

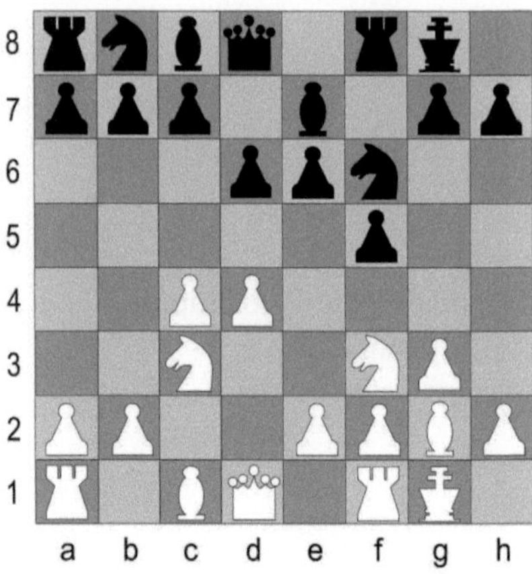

7. Sb1 - c3
Weiß entwickelt seinen Springer auf seinem natürlichen Entwicklungsfeld, und beherrscht jetzt das Zentrum.

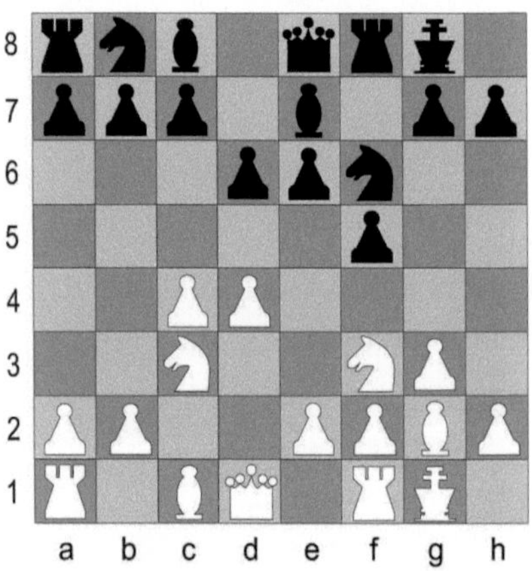

Dd8 - e8
Dame zieht, um sich zu entwickeln.

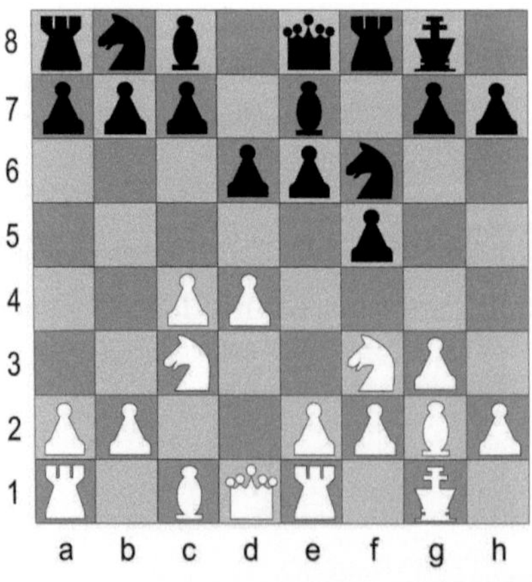

8. Tf1 - e1
Auch der Turm zieht, um sich zu entwickeln.

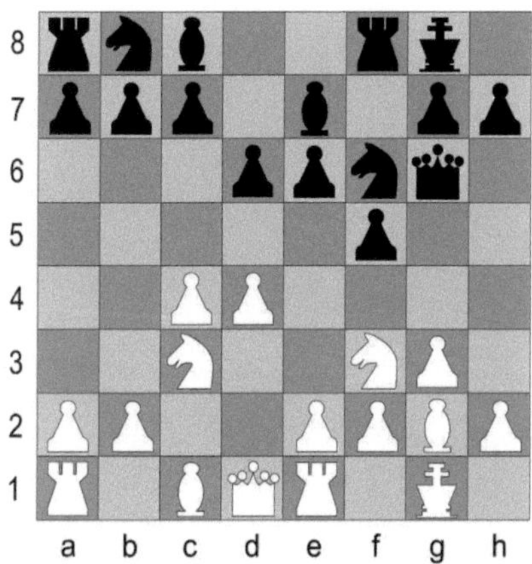

De8 - g6
Dame entwickelt sich.

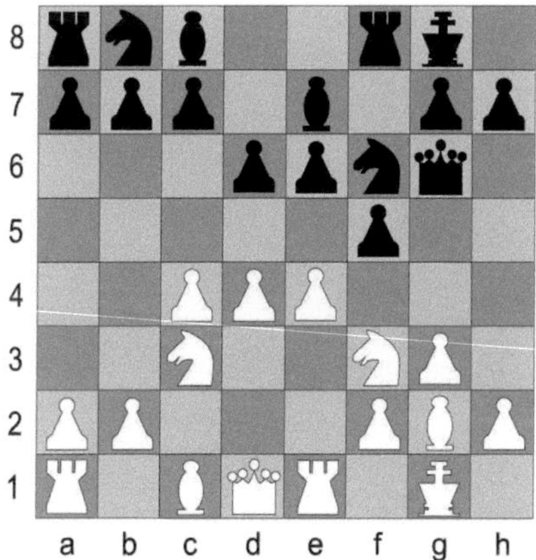

9. e2 - e4
Bauer zieht ins Zentrum und bedroht
Bauer auf f5.

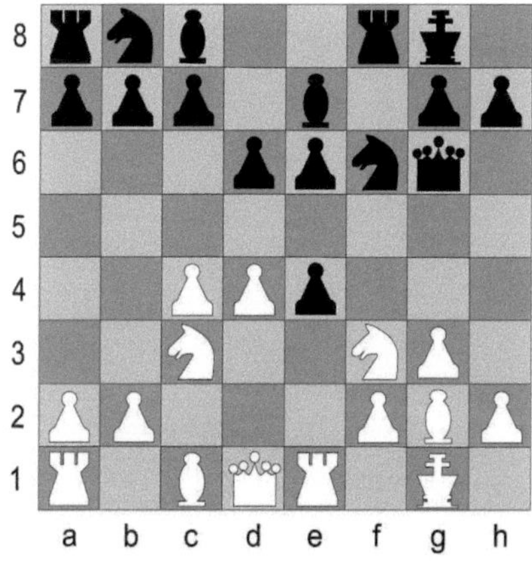

f5 x e4
Bauer schlägt Bauer und bedroht
Springer auf f3.

Kleine Übungen

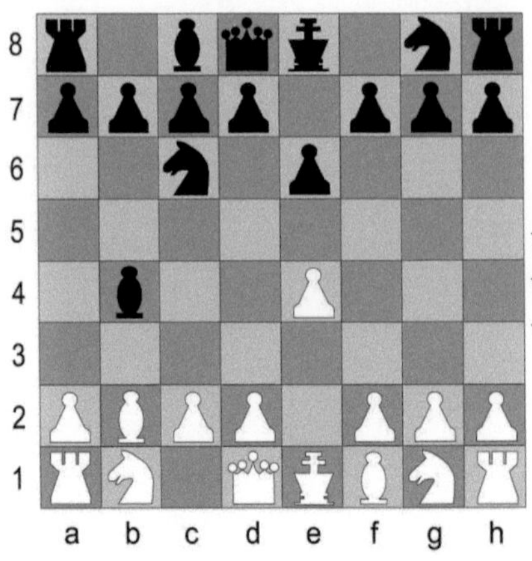

Übung 1:

Weiß ist am Zug. Welchen Zug sollte Weiß jetzt machen?

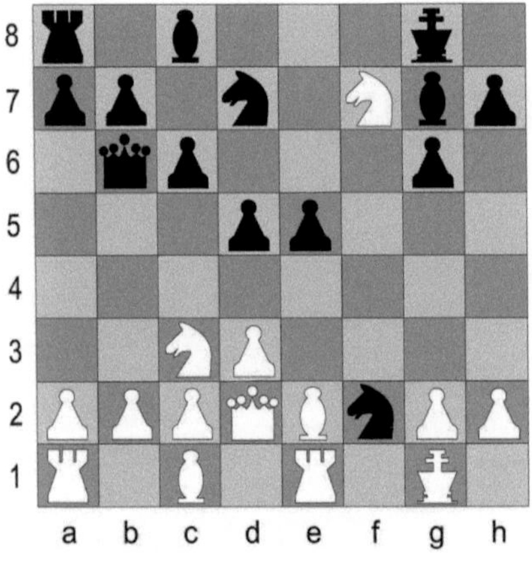

Übung 2:

Schwarz ist am Zug. Welche Züge sollte Schwarz jetzt machen?

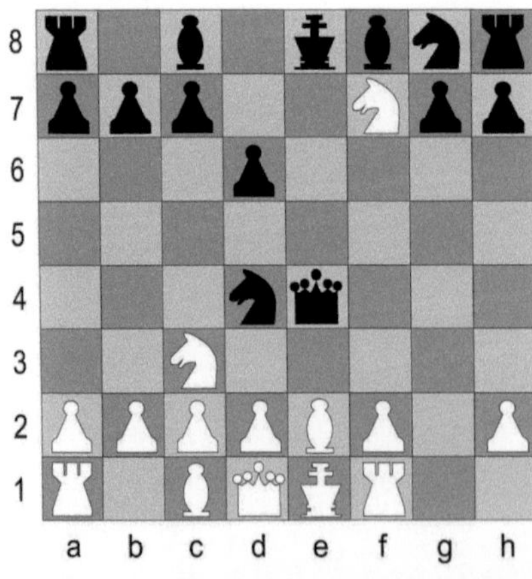

Übung 3:

Schwarz ist am Zug. Welchen Zug sollte Schwarz jetzt machen?

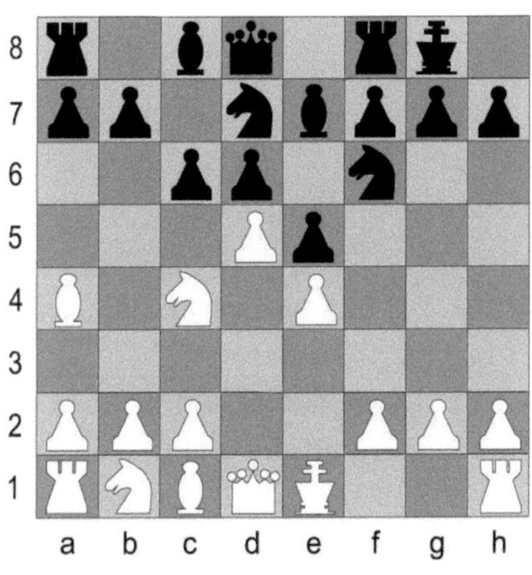

Übung 4:

Schwarz ist am Zug. Welchen Zug sollte Schwarz jetzt machen?

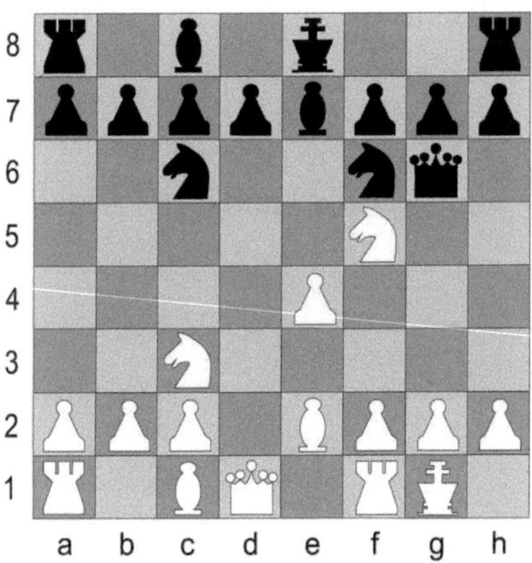

Übung 5:

Weiß ist am Zug. Welchen Zug sollte Weiß jetzt machen?

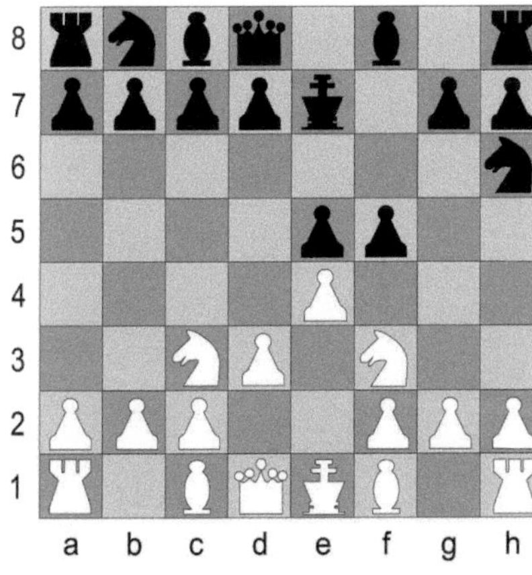

Übung 6:

Weiß ist am Zug. Welchen Zug sollte Weiß jetzt machen?

Lösungen:

Übung 1:

Weißer Läufer zieht vom Feld b2 auf das Feld g7, schlägt den Bauern und erobert im nächsten Zug den schwarzen Turm.

Übung 2:

Schwarzer Springer zieht vom Feld f2 auf das Feld h3 und bietet dem weißen König Doppelschach durch Dame auf b6.

Schwarzer König kann nur noch auf das Feld h1 ziehen. Zieht er auf das Feld f1, wäre er im nächsten Zug matt (Dame zieht auf das Feld f2 und ist durch Springer gedeckt).

Schwarze Dame zieht vom Feld b6 auf das Feld g1 und bietet Schach. Der weiße Turm auf e1 schlägt schwarze Dame auf g1.

Nun zieht der schwarze Springer vom Feld h3 auf das Feld f2 und setzt den König matt.

Übung 3:

Der schwarze Springer zieht vom Feld d4 auf das Feld f3 und bietet Schach. Dadurch ist Weiß matt.

Übung 4:

Schwarze Bauer zieht vom Feld b7 auf das Feld b5 und erobert im nächsten Zug eine weiße Leichtfigur.

Übung 5:

Der weiße Springer zieht vom Feld f5 auf das Feld h4 und erobert die schwarze Dame.

Übung 6:

Weißer Läufer zieht vom Feld c1 auf das Feld g5 und bietet dem schwarzen König Schach. Im nächsten Zug erobert er die schwarze Dame.

Tipps zur ersten Eröffnung

Beispiel wie man nicht eröffnen sollte

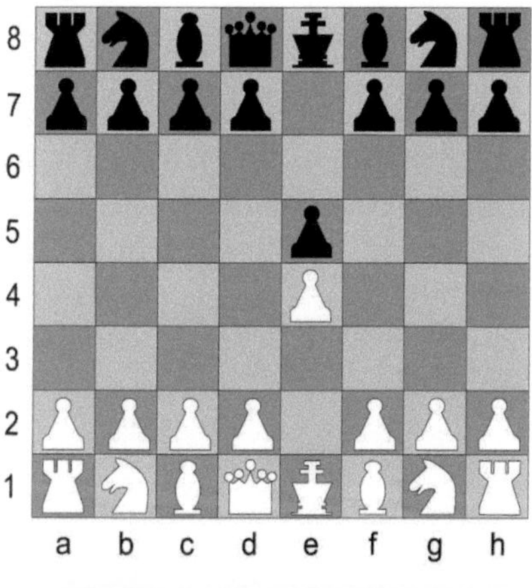

1. e2 – 4   e7 – e5
Beide Bauern besetzten ein Zentrumsfeld. Die Damen und die Läufer können
sich entwickeln.

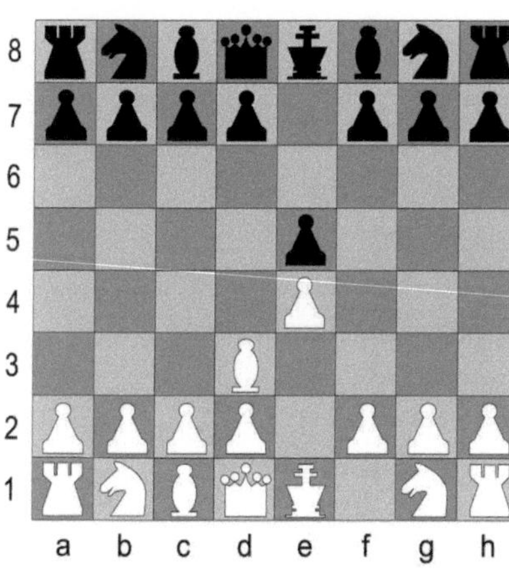

2. Lf1 – d3
Der Läufer blockiert den Bauer auf d2.
Dadurch kann sich der Läufer auf c1
nicht entwickeln.

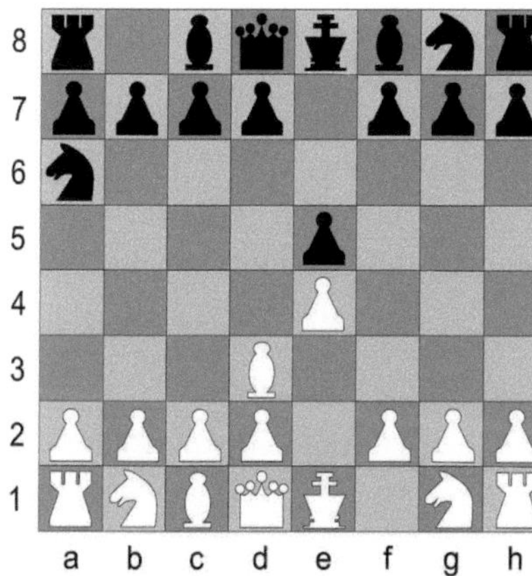

2. ...   Sb8 – a6
Der Springer hat am Rand weniger
Zugmöglichkeiten und kann weniger
Felder beherrschen als auf dem Feld c6.

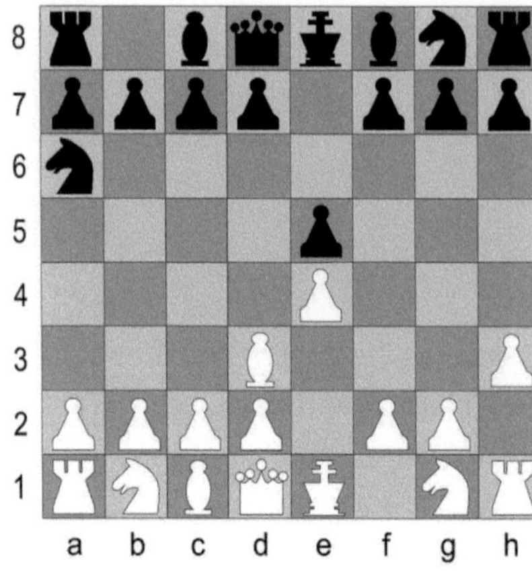

3. h2 – h3

Mit Randbauern nicht ziehen. Dieser Zug bringt weder für die Entwicklung noch für die Unterstützung des Zentrums etwas.

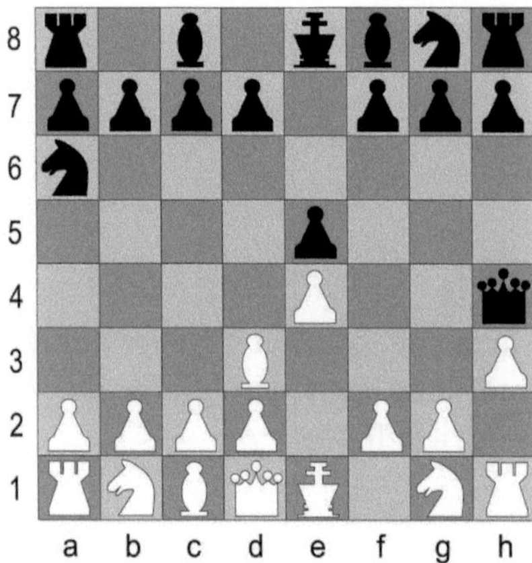

3. …   Dd8 – h4

Die Dame wurde zu früh ins Spiel gebracht. So bringt man die Dame nur selbst in Gefahr.

Weiß kann die Dame mit dem Bauer g2 - g3 oder mit dem Springer g1 - f3 angreifen.

Ein Beispiel: Wie viele Felder beherrscht der Läufer?

Wenn der Läufer auf dem Feld f1 steht (der Bauer e2 ist vorgezogen), dann beherrscht der Läufer 6 Felder. Steht der Läufer aber auf dem Feld c4, beherrscht er 9 Felder.

Auf dem Feld f1 kann er auch nur in einer Richtung ziehen, auf dem Feld c4 jedoch in 4 Richtungen.

Die richtige Eröffnung

1. Wir müssen unsere Figuren schnell entwickeln. Das schaffen wir, indem wir die Bauern e2 – e4 und d2 – d4 ziehen.

2. Für die Springer wären die Felder Sg1 – f3 und Sb1 – c3 die besten Felder.

3. Die Läufer entwickeln wir auf die Felder Lc1 – f4 und Lf1 – c4.

Damit kennen Sie nun die Grundregeln der Eröffnung. Sie sind natürlich nicht in Stein gemeißelt, es wird immer wieder Ausnahmen geben. Hier noch mal ein Beispiel:

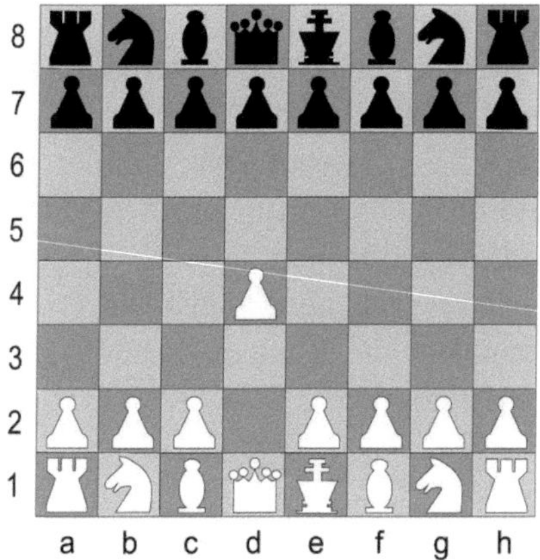

1. d2 – d4
Der Bauer besetzt ein Zentrumsfeld.
Der Läufer kann sich entwickeln.

oder

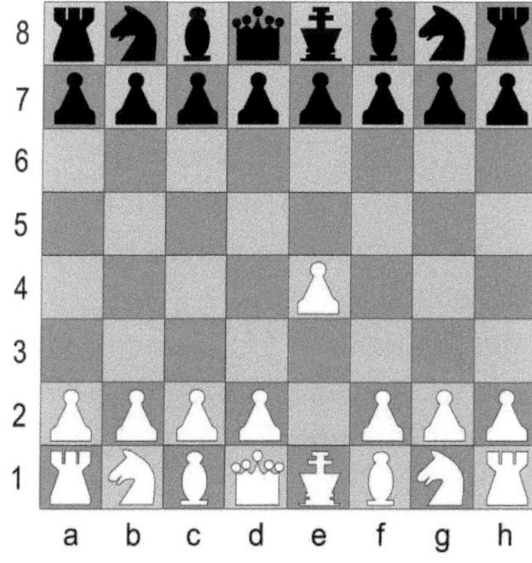

1. e2 – e4
Der Bauer besetzt ein Zentrumsfeld.
Die Dame und der Läufer können sich entwickeln.

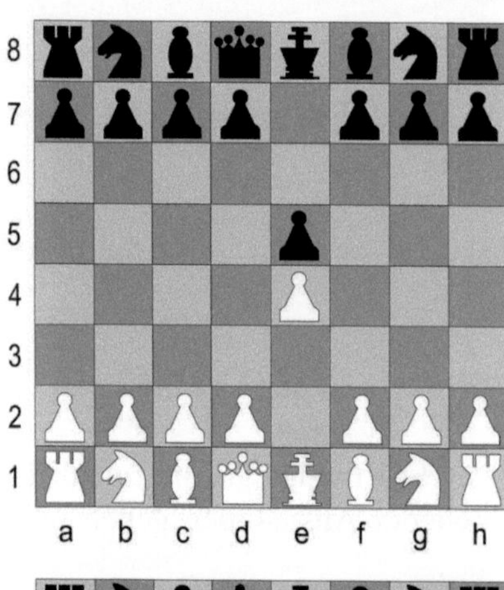

Wie soll man antworten wenn man mit Schwarz spielt?

1. ...   e7 - e5

Auch hier besetzt der Bauer ein Zentrumsfeld und der Läufer auf f8 kann sich entwickeln. Des Weiteren stoppt er den Vormarsch des weißen Bauern. Dadurch kann Schwarz später seinen Springer auf das Feld f6 ziehen, ohne vom weißen Bauern angegriffen zu werden.

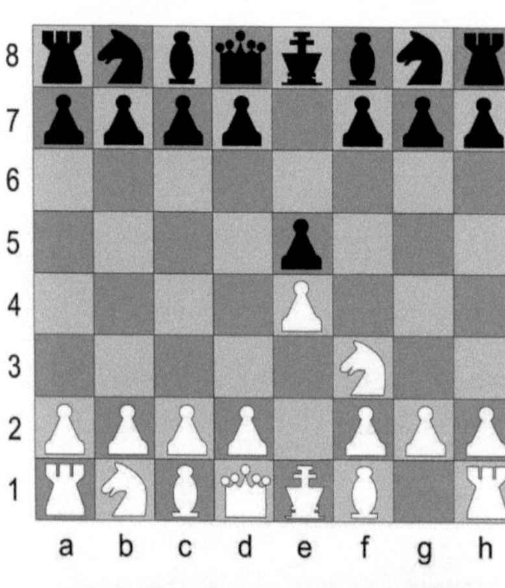

Jetzt entwickeln wir die Leichtfiguren.

2. Sg1 – f3

Dies ist sein natürliches Entwicklungsfeld, der Springer gehört hier hin.

Er greift dabei zwei Zentrumsfelder an, d4 und e5. Gleichzeitig greift er dabei den schwarzen Bauern an.

Dieser Springer wird meist als erstes gezogen, um die Rochade schnell ausführen zu können.

2. ...   Sb8 – c6

Der schwarze Springer zieht auf sein natürliches Entwicklungsfeld und greift zwei Entwicklungsfelder an, dass Feld d4 und das Feld e5, wo er seinen Bauer schützt vor dem weißen Springer.

Warum nicht mit dem Bauer d7 – d6 ziehen? Könnte man, aber dann wäre die Entwicklung des Läufers auf dem Feld f8 behindert.

Oder der Bauer f7 – f6. Dadurch wird die Entwicklung des Springers g8 auf seinem natürlichen Entwicklungsfeld verhindert. Auch die Bauernkette wird ein wenig geschwächt.

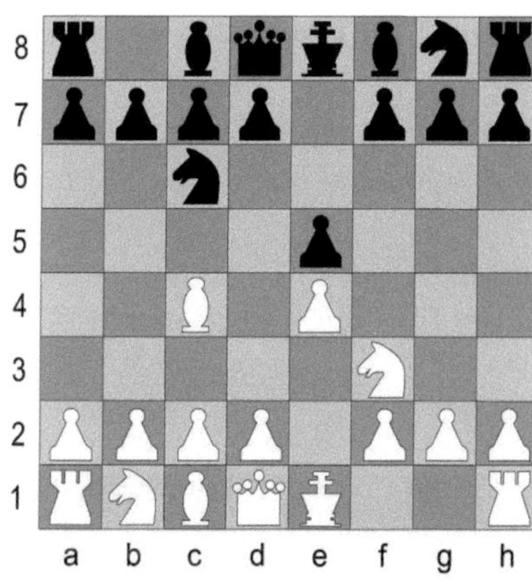

3. Lf1 – c4
Läufer entwickelt sich auf seinem natürlichen Entwicklungsfeld. Er greift damit das schwache Feld f7 an und Weiß kann die Rochade im nächsten Zug ausführen.

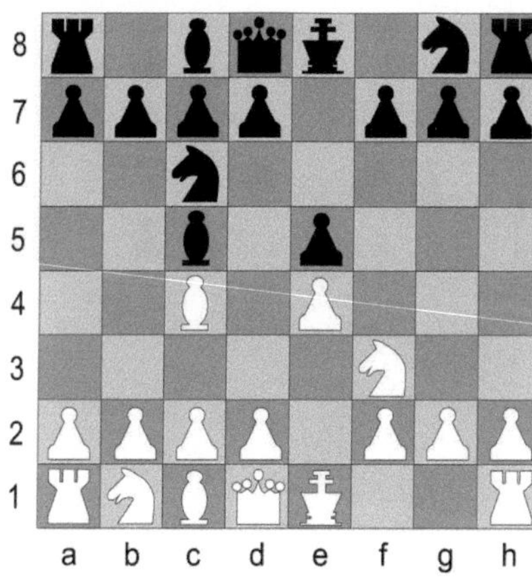

3. ...   Lf8 – c5
Läufer entwickelt sich auf seinem natürlichen Entwicklungsfeld. Er greift damit das schwache Feld f2 an.

Weiß kann danach die Rochade ausführen und den König in Sicherheit bringen.

Kommt Ihnen diese Eröffnung bekannt vor? Dies ist die Italienische Eröffnung.

Denn bei dieser Eröffnung folgen wir den Grundregeln der Eröffnung. Zentrum besetzten, Leichtfiguren entwickeln, Rochade machen.

Ich wünsche Ihnen viel Spaß und viel Erfolg beim Schachspielen!

Schach lernen - Schach für Anfänger
Grundkenntnisse des Schachspiels schnell und mühelos erlernen

Das leicht verständliche Schachbuch für den erfolgreichen Einstieg.
Mit diesem Buch können Sie das Schachspiel schnell und mühelos erlernen.

Die Grundkenntnisse des Schachspiels werden verständlich erklärt und mit
über 150 Abbildungen wird dem Anfänger der Einstieg leicht gemacht.

ISBN: 978-3-7386-3682-6
Format: 21 x 14,8
Seiten: 76
Verlag: BoD – Books on Demand
Auflage: 3
Erschienen: 2022
Einband: Paperback

Die neusten Auflagen sind immer bei shop.schach-lernen.de erhältlich.

Schach lernen - Schach für Anfänger: Das Mittelspiel

Wie erreiche ich in einen Vorteil gegenüber meinem Gegner? Wie vermeide ich eine eigene Schwächung? Wir müssen einen Plan entwickeln, dies ist im Schach sehr wichtig und unentbehrlich.

Deshalb sind die Kombinationen, vorausberechneter Züge, so wichtig. Mit diesen kann man einen Vorteil erlangen, über Materialgewinn bis hin zum Schachmatt, oder, wenn man sie nicht kennt, einen Nachteil erlangen.

ISBN: 978-3-7392-0450-5
Format: 21 x 14,8
Seiten: 72
Verlag: BoD – Books on Demand
Auflage: 3
Erschienen: 2022
Einband: Paperback

Die neusten Auflagen sind immer bei shop.schach-lernen.de erhältlich.

Schach lernen - Schach für Anfänger: Das Endspiel

In diesem Teilbereich des Schachspiels sind nur noch wenige Schachfiguren auf dem Brett. Der König, bisher passiv, übernimmt jetzt eine aktivere Rolle. Der König unterstützt seine eigenen Figuren und greift an.

Normalerweise hat jetzt ein Spieler einen Material- oder Stellungsvorteil erreicht. Dieser versucht nun den Gegner mattzusetzen. Hat man noch Bauern, versucht man einen Bauern auf die Grundlinie des Gegners zu bringen und in eine Dame umzuwandeln.

ISBN: 978-3-7392-0451-2
Format: 21 x 14,8
Seiten: 128
Verlag: BoD – Books on Demand
Auflage: 3
Erschienen: 2022
Einband: Paperback

Die neusten Auflagen sind immer bei shop.schach-lernen.de erhältlich.

Schach lernen - Schach für Anfänger: Das Standardwerk

Mit diesem Buch lernen Sie die Grundregeln des Schachspiels. Danach geht es weiter mit den verschiedenen Teilbereichen des Schachspiels: Über die Eröffnung, dem Mittelspiel bis zum Endspiel. Übungen am Ende jeden Kapitels hilft das Gelernte zu festigen.

Dieses Buch ist ideal für Anfänger und für Hobbyspieler, die die Regeln kennen, aber ihr Spiel verbessern wollen. Zum leichteren Verständnis wird jeder einzelne Zug der Schachfiguren in Diagrammen dargestellt.

ISBN Softcover:	978-3-7386-5389-2
ISBN Hardcover:	978-3-7386-5390-8
Format:	21 x 14,8
Seiten:	372
Verlag:	BoD – Books on Demand
Auflage:	3
Erschienen:	2022

Die neusten Auflagen sind immer bei shop.schach-lernen.de erhältlich.